日本专家创新企业管理书系

新产品
研发创新管理
VE和TRIZ

VEとTRIZ
一革新的なテクノロジーマネジメント手法入門

[日] 泽口学 著　何晓磊 译

机械工业出版社
CHINA MACHINE PRESS

本书是日本价值工程（VE）界的大师——泽口学教授的倾心之作。我国企业已经认识到了开发高附加价值型产品的必要性，然而讲解将 VE 和 TRIZ 用于产品研发的图书在国内很少见，所以引进翻译出版本书，以期推动有效产品研发工具的普及应用。

本书包括 4 章，第 1 章介绍产品研发与设计活动高效化的思考方式和技术管理方法；第 2 章、第 3 章分别介绍了 VE 和 TRIZ 的特征、在产品研发中的应用流程等；第 4 章详细介绍了同时应用 VE 和 TRIZ 进行产品研发的实践案例。

本书适合我国各类型企业进行产品研发使用，阅读本书能够深入了解、应用 VE 和 TRIZ 方法，切实提升产品价值和企业竞争力。

北京市版权局著作权合同登记　图字：01-2020-2865 号。

图书在版编目（CIP）数据

新产品研发创新管理：VE 和 TRIZ/（日）泽口学著；何晓磊译．—北京：机械工业出版社，2023.6（2023.10 重印）
（日本专家创新企业管理书系）
ISBN 978-7-111-72852-8

Ⅰ．①新…　Ⅱ．①泽…②何…　Ⅲ．①产品开发－企业管理－研究　Ⅳ．① F273.2

中国国家版本馆 CIP 数据核字（2023）第 061163 号

机械工业出版社（北京市百万庄大街 22 号　邮政编码 100037）
策划编辑：李万宇　　责任编辑：李万宇　李含杨
责任校对：张爱妮　王春雨　封面设计：马精明
责任印制：李　昂
北京捷迅佳彩印刷有限公司印刷
2023 年 10 月第 1 版第 2 次印刷
148mm × 210mm · 5.625 印张 · 1 插页 · 125 千字
标准书号：ISBN 978-7-111-72852-8
定价：49.00 元

电话服务　　网络服务
客服电话：010-88361066　机　工　官　网：www.cmpbook.com
010-88379833　机　工　官　博：weibo.com/cmp1952
010-68326294　金　书　网：www.golden-book.com
封底无防伪标均为盗版　机工教育服务网：www.cmpedu.com

名家推荐

泽口学教授是VE和TRIZ领域的知名研究者，是将其知识、见解充分应用于大量企业课题解决的实践者。

VE和TRIZ是课题解决的非常有用的方法，但其实VE和TRIZ都包括了大量的内容，实际使用时需要经验的支撑。

本书以泽口教授的实战经验和研究成果为基础，把VE和TRIZ的基础进行了精巧的总结，可以看作一本能够有效应用VE和TRIZ的指导手册。

当我还是一位企业研发人员时，正值日本企业刚开始引入TRIZ，通过借助泽口教授的力量对企业内部大量研究人员、技术人员进行了TRIZ的普及教育。在接受了泽口教授的培训后，各个业务领域都想通过实践TRIZ来解决各自的课题，为了梳理和确认解决问题的步骤，我为每一位项目组成员配发了这本书，希望能帮助他们进行有效的实践。

期待更多朋友可以通过使用这本书有效解决各业务领域的课题。

——三原祐治 日本TRIZ协会 理事长

泽口学教授是日本VE领域研究及指导的第一人，同时还是TRIZ研究及指导的先驱，拥有大量的实际指导经验。泽口教授的这本书是一本提倡VE和TRIZ融合的绝无仅有的好书，也是一本指引系统创新的书籍。

——宫本彰夫 日本VE协会 董事秘书长

前言

执笔本书的契机是，我发现即使是在1990年之后日本经济出现长期停滞期的大背景下，很多日本企业（主要是制造业企业）依然对研发保持着关切，我也意识到了“策划、开发出高附加价值产品的必要性”这一现实情况（例如，2001年10月1日起《日经产业新闻》刊登了关于企业研发活动的连载报道）。

并且，从产业能率大学针对各个企业研发部门的重点课题开展调查的结果（1999年度开展的调查：有效回答数为808）也能看出，大众对于具体重点课题“新产品、新技术的研发”（23%）、“缩短研发周期”（22%）、“技术者的创造性研发”（17%）、“降低研发成本”（14%）等关心度非常高。

所以在这样的背景下，笔者决定执笔向众多企业研发活动相关人员（包括产品策划人员、开发设计工程师、生产技术工程师及其领域的管理者和企业经营者等）介绍对企业新产品研发活动非常重要，可以对研发、设计活动的高效化起重要作用的代表性管理技术方法。

本书第1章的主旨是请读者学习为了实现企业活动的创新，正确研发、设计活动的高效化思维方式，简要介绍对高效化有效的管理技术方法——“QFD（质量功能展开）”“VE（价值工程）”“TRIZ”“田口方法”。

在第2章、第3章中，基于最近笔者在企业产品研发咨询活动中对于方法有效性的体验，聚焦于一直想推荐给读者的技术管理方法

"VE"（特别是在策划、研发阶段的VE）和"TRIZ"，具体解说方法的特征。

尤其是第3章介绍的TRIZ，是在苏联诞生，近年来被美国及日本所关注的技术管理方法。虽然TRIZ本身是于1946年在苏联诞生的，这个方法本身有半个世纪以上的历史，但是引入美国、日本等国家并被提炼为实践性技术管理方法，也就是近五六年的事情，因此笔者认为它还是一种崭新的方法。

最后的第4章为实践篇，介绍如何通过应用VE结合TRIZ，构筑一个有效的产品研发方法。本文介绍的案例是模拟案例，但附有笔者基于此研究方法在实际课题咨询活动中得到的实际业绩。

最后，借此场合对入职以来，在VE理论方面给予很多指导和建议、一直承蒙关照的产业能率大学名誉教授、日本VE协会常务理事土屋裕、同大学教育和咨询部主任研究员秋山兼夫，在VE咨询活动等实践方面给予指导并给予照顾的同大学教育和咨询部主任研究员田中秀春，以及一直支持TRIZ培训、咨询活动的同大学TRIZ策划组的诸位表示由衷的感谢。

泽口学

2002年1月

目　录

第2章 方法篇之一：VE

第3章 方法篇之二：TRIZ

第1章

企业各项业务活动的创新

1.1　研发、设计相关环境的变化

第二次世界大战后，日本企业在高速增长期中茁壮成长，给许多人提供了丰富的产品，建立了物质丰盈的社会。高速增长期之后，人们对于物品的渴望逐渐被满足，进入了没有建立客户本位（核心）研发体制的企业逐渐被淘汰的时代。

整个市场早就已经从“企业优先社会（以企业为主体的工业化社会）”转变为“顾客优先社会”了，像这样的社会性变化经历了什么样的过程呢？让我们从企业（主要设定为制造业企业）的产品研发、设计活动开始一起按顺序来梳理一下吧。

1. 企业优先社会的定义

许多日本企业度过了战后复兴期，在日本昭和30年代到昭和40年代的高速增长期迎来了巨大的发展。这个时期的企业拥有着无论如何都要“赶超欧美企业”的思想，致力于通过彻底导入“QC（质量管理）”，一扫从前（高速增长期前）日本企业产品“价格低质量差”的形象，进入“价格低质量优”的形象深入日本国内外的时期。

另外，市场上以“三种神器（电视、电冰箱、洗衣机）”和“3C（汽车、空调、彩色电视）”为代表的性能良好、价格适中的产品大量问世，日本人的生活在物质方面与欧美并驾齐驱。这就是所谓的“工业化社会”的到来。

但是，即使是给日本人生活提供了便利的产品，基本上也还是得益于企业侧以生产为核心主导的技术创新的进步，并非是得益于以顾客为核心的研发。

所以，对这个时期的特征可以理解为，根本上还是基于企业通过技术创新创造的产品提供给顾客为主的“企业优先社会”思维。

换言之，在企业的研发、设计部门中，与其考虑客户真正期待什么样的产品，不如集中精力考虑如何把新技术反映在产品中。当时大部分顾客认同“企业提供的产品＝使生活丰富的产品”这一等式关系，企业优先的逻辑已经十分通用。

但是，当高速增长期结束、超出市场需求的产品遍布时，之前隐藏在阴影中的“企业优先社会的矛盾和问题点”逐渐显现出来了，比如“用旧的产品（大型垃圾）的废弃问题”和“企业生产活动弊端的公害问题”等渐渐地成为了话题，令人记忆犹新（特别是老化产品的废弃处理，已经从一个环境问题升级为企业的社会使命）。

2. 多样化的顾客需求和企业优先社会的界限

到高速增长期为止，顾客对产品的期望基本仅限于产品自身的“使用功能”，但在日本昭和 50 年迎来了稳定增长期后（石油危机后），顾客逐渐开始追求产品使用功能之外的附加功能（产品的使用便利度、外观设计、品牌形象等软实力方面）。

以汽车为例，顾客已经从无论如何每家都想要一辆属于自己的汽车，转变为只想要某品牌的某车系中的白色汽车。这个附加值是硬件（产品自身）周围的要素，也可以说是顾客为了追求更加丰富精神层面享受的“魅力功能”。

恰好在刚开始重视这样的魅力功能的时期，“顾客的多样化和个性化”开始被提倡，“外观设计优先型产品”和“多功能型产品”也逐渐地投放市场。

例如，在泡沫经济期（日本昭和60年代初期）登场的新产品中，有打破了以往常识的“黑色冰箱”（当时大型超市D公司大力地尝试销售），内置录音、快捷功能的“多功能型无线电话”，可以蒸鸡蛋羹和煮粥的“多功能电饭煲”等，诸如此类的产品不胜枚举。

这样的产品乍一看具备便利性及精简的设计，但实际上对顾客而言却未必都能成为高满意度的产品。其根据之一是，本应成为顾客至上研发代表的家电产品却在当时的某调查报告（见图表1-1）中位列购买后后悔的商品类第1名。

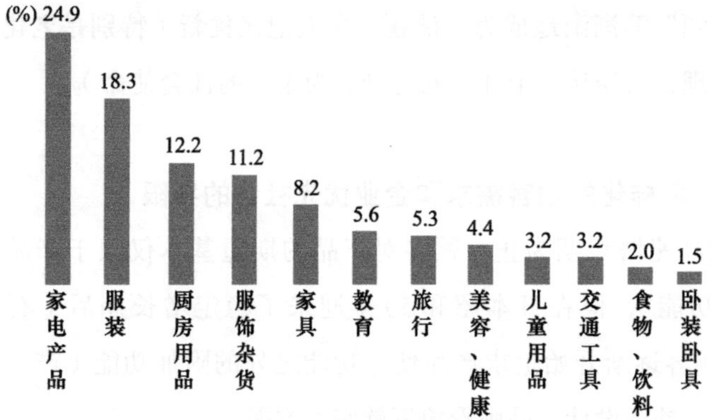

图表1-1 当年购买后后悔的各类商品比例

例如，多功能电饭煲如何能实现“既能蒸鸡蛋羹，又能同时做米饭呢？”多功能型无线电话会出现“过多的功能按键集中在有限的界面上，想按保留结果却挂断了电话”的情况。从产品整体来看是一种使用便利性，但会使顾客产生后悔购买的心情。（无线电话之后进化为手机，作为信息工具实现了多功能化和小型化的进化。现在比起使用难易度，受内容便利性的影响更大，手机市场已经变为以年轻一代为中心的市场。今后也有望出现真正方便老年人使用的手机。）

可以设想，企业如果错误地认为“多功能型产品和设计优先型产品的研发，就是顾客至上（满足顾客精神层面需求）的产品研发”，最终就会陷入以企业为主的产品研发。

尤其是在日本泡沫经济鼎盛时期，大量的多功能型产品在企业间的竞争中诞生，与顾客至上的出发点相距甚远的产品也大量充斥在市场上。

也就是说，在这个时候（从高速增长期后到泡沫经济鼎盛时期），虽然顾客的需求确实已经变得多样化了，但是产品研发本身还是以企业为中心的研发模式。

3. 迈入生活者优先社会

日本在泡沫经济崩溃后的 1 ~ 2 年之间，之前一直像影子一样存在的、基于企业间竞争导致的产品研发的问题点和矛盾等都不断地暴露出来了。

顾客在泡沫经济崩溃的同时开始思考“自己真正需要什么样的产品”，企业研发出的各式各样的产品仅仅依靠多功能和款式新颖的话，已经到了卖不出去的地步了。直至于此，这些企业才意识到“自己研发的很多产品都是浮云”，重新开始审视产品。

也就是说，以泡沫经济崩溃为契机，顾客的“生活者意识”迅速提升，不再只是一味地“追求一时的个性化和多样化”。

因此，日本企业开始重新调整过于膨胀的产品阵容，在这个过程中也逐渐意识到“生活者优先社会”的到来并渐渐地转换产品研发的思维。例如，通过简单的按钮操作就可以实现多种洗衣功能的洗衣机、强调收纳等使用便利性的冰箱的上市，就证明了这一点。

想要真正实现符合生活者优先社会的产品研发，企业要积极应对“关于产品的环境问题”等问题，对社会做出实质性的贡献（事实上，日本因重视环境从而学习 ISO 14000 的企业在急剧增加）。这也说明了，顾客方作为生活者的意识不断提升，对地球层面环境问题的敏感度也提升了。也就是说，顾客优先社会和生活者优先社会可以说是同义词。

对上述研发、设计的相关环境的变化进行梳理，不同时期的特征见图表 1-2。

图表 1-2　日本企业产品研发、设计相关环境不同时期的特征

社会	时代背景	高速增长期（20 世纪 60 年代 ~ 20 世纪 70 年代前期）	稳定增长期 ~ 泡沫经济期（20 世纪 70 年代中期 ~ 20 世纪 80 年代）	泡沫经济崩溃以后（20 世纪 90 年代 ~ 现在）
社会	社会特征	迈入工业化社会	迈入个性化、多样化社会	迈入生活者优先社会
社会	顾客需求的特征	追求以物质为核心带来的物质性便利	追求以软实力为核心的个性化	追求生活者意识提高所带来的环境保护意识及对优越感的追求
企业	企业姿态的特征	追求物质上的便利性	在竞争社会，重视个性化而产生的生存战术	作为社会的一员，重视对环境的影响和社会的和谐（学习 PL 对策、ISO 9000、ISO 14000）

（续）

企业	时代背景	高速增长期（20 世纪 60 年代 ~ 20 世纪 70 年代前期）	稳定增长期 ~ 泡沫经济期（20 世纪 70 年代中期 ~ 20 世纪 80 年代）	泡沫经济崩溃以后（20 世纪 90 年代 ~ 现在）
	研发、设计的态度	基于生产为核心的技术创新（应对少品种大批量生产方式）	基于企业间竞争产生的应对多品种少量生产和个性化产品的研发（重视市场战术）	基于生活者优先的环境应对型产品研发 对生活者提倡产品的真正便利性
	产品的特征	三种神器 3C 等	多功能型产品 外观设计优先产品等	顾客至上产品 环保产品等

以上是在时代变化的背景下，以日本社会和企业之间的关系变化，以及企业研发产品和客户需求的变化为核心总结出来的表。通过分析不难发现，企业渐渐地具备了生活者优先的社会意识，同时也拥有了作为社会一员所必需的自觉性。

1.2　实现研发、设计活动的高效化

研发、设计活动，是真正实现顾客满意度高的产品必不可缺的“企业（特别是制造业企业）活动的核心”。

通过研发、设计活动实现满足客户需求的产品，与企业本身所具有的技术能力（包括相关企业及合作企业）能否实现需求的判断紧密相关。也就是说，研发、设计部门的技术人员（工程师）需要时常意识到所开发的产品需要使用怎样的技术去实现，同时也要具备不断提升产品实现能力的态度。

这种产品实现能力正是指“专业技术（Pure Technology）”，负责研发、设计业务活动的工程师首先要设立广泛学习专业技术的目标。

1. 专业技术（Pure Technology）的定义

从事研发、设计业务活动的技术人员必须能够正确把握顾客的要求事项，首先须具备将要求事项转换成产品具体规格的能力。

将此能力对应到具体的产品生命周期，在研发阶段是指“研发规格书”（新产品策划研发规格书等）的制作能力；在设计阶段是指“制造规格书”（即产品设计图纸等）的制作能力。因此，这里所说的能力始终是指产品实现能力，即“专业技术”。

专业技术具体来说泛指“机械工程学、电气电子工程学、电气回路、各种生产技术等产品化所直接必需的技术”，所以基本上技术人

员需要持续不断地学习、钻研符合时代要求的专业技术。

日本能靠技术立国繁荣，就是得益于以技术研究（主要是应用研究）为核心的专业技术的进步和传承。

综上所述，可以认为专业技术指的是制造产品直接且必不可缺的技术，是平时在技术研究中持续提升水平、在产品研发活动（这里指从研发、设计业务到产品制造完成为止的广义内容）中使产品开花结果的技术。

并且，技术人员在创新速度飞跃发展的大环境中，需要更加详细且正确地把握产品实现直接必需的专业技术，以及需要具有切实集结这些专业技术去实现产品的行动力。

因此，每个技术人员不陷入“专业笨蛋”的状态，对现在自身专业领域（某一个专业技术领域）以外的领域也抱有兴趣，根据需要积极推进新领域研究的态度是非常重要的（当然在这种情况下，这是以与其他专家积极合作为前提的）。

正如 IT 革命、生物技术进步等的特征，从产品研发的特点来看，打破以往专业技术的范畴，以不同领域和新领域之间的技术融合化为中心的现状显而易见。

鉴于这样的背景，考虑对企业独有的专业技术进行体系化的同时，对产品研发所需专业技术的掌握、强化不足的专业技术的决心也是非常重要的。

以与产品研发相关的技术词典目录为灵感制作的专业技术分类整理（产品对应）表，见图表 1-3。

图表 1-3 专业技术分类整理表（例）

专业技术领域	各产品对应的专业技术	
1．能源	1）煤炭 2）电力	3）核能 4）新能源
2．新材料	1）陶瓷材料 2）金属材料 3）高分子材料	4）生物材料 5）复合材料 6）半导体材料
3．电子学	1）电子测定器 2）旋转电气设备 3）配电、控制设备 4）其他电气器械 5）通信设备	6）计算机 7）电子应用装置 8）OA 相关机器 9）磁记录媒质
4．机械电子学	1）机床 2）工业用机器人 3）工业机械	4）精密机器、测量机器 5）其他机器及系统设备
5．运输、搬运机器	1）汽车 2）自行车 3）磁悬浮列车	4）船舶 5）飞机
6．人造卫星设备	1）科学观测用宇宙机器	2）应用宇宙机器
7．医药、化妆	1）医药品	2）化妆品
8．服装	1）服装	
9．食品	1）农业加工食品 2）水产、家畜人造食品 3）家畜加工食品	4）水产加工食品 5）罐装、瓶装、速食、冷冻食品 6）调味食品
10．住宅	1）住宅 2）住宅部品、建材	3）住宅单元
11．生活、文化用品	1）生活用品	2）文化信息用品

2. 活用专业技术的管理技术（Technology Management Techniques）

专业技术指制作产品的研发规格书和产品设计图纸，并最终按照计划实现产品的技术。与其相对，管理技术（特别是本书的定义限定为 Technology Management Techniques，取狭义面）指为了更加高效地推进研发、设计活动，推进包括专业技术在内的资源有效应用的技术。

① 管理技术的必要性

如果把专业技术理解为与产品研发直接相关的技术，也就是“经常见光的技术”，那么管理技术就是一直默默支撑专业技术，即“不怎么光鲜耀眼，却朴实无华”的存在。无论企业所拥有的专业技术本身多么优良，如果不具备能够正确运营这种技术的管理技术，那么专业技术最终也只能被白白糟蹋。事实上，即使拥有很好技术（专业技术）的传统老字号也有很多因业绩不佳而倒闭或被收购合并的情况。从企业的发展历程来看，管理技术也是绝对必要的技术。

支撑专业技术的管理技术，是将专业技术有效使用，使工作更有效推进的技术，如果对应研发设计业务，这可以解释为掌握顾客的需求事项，更有效地将顾客的需求事项活用于产品上的技术。

② 各种管理技术的体系化

通常，讨论局限于生产领域的管理技术时，分别从 IE（工业工程）、QC（质量控制）、VE 或 OR（运筹学）等代表性方法来讨论的情况居多；但如果想要更详细地分解管理技术并进行系统整理时，就会网罗各种创造性技术和营销方法，或者各种可靠性方法等，使数量变得十分庞大。

为此，本书聚焦研发、设计业务活动中特别有效果的管理技术进行介绍。

图表 1-4 中所介绍的“TRIZ”“QFD”“0 Look VE”和“田口方

法”，是在研发设计活动中尤其备受瞩目的新型管理技术，其概要将在1.3节中进行介绍。

图表 1-4 研发设计活动必需的主要管理技术

分析、掌握顾客需求事项的合理技术	• 各种营销方法 • QFD（质量功能展开）① • 0 Look VE（策划阶段的 VE）①等
为了构思产品研发创意的技术	• 各种创新技巧（头脑风暴法等） • TRIZ①等
为了实现有效研发、设计的技术	• 田口方法（质量工程学）① • AHP，运筹学（OR）的决策方法之一 • 可靠性方法（FMEA/FTA 等）

① 1.3 节介绍的管理技术。

1.3　研发设计活动中有效的技术管理方法

研发设计活动中有效的管理技术见图表 1-4，其中提出的技术方法和以往的管理技术（IE、QC、VE 等）相比多是“相对较新的管理技术”（不仅指其诞生的时间，还包含企业引进使用的时间比较新的意思）。

因此，为了和“管理技术 = 特别是与现场改善及成本降低相关问题的解决方法”这种以往的印象划清界限，本书后文将在研发设计活动中应用的管理技术称为“技术管理方法”。

另外，这个称呼（技术管理）发祥于美国商学院，是以技术型商务人士（工程师）为对象的“为确立技术战略、有效促进研发业务的管理论和相应方法的研究”的课程，所以对于该研究领域核心的研发设计活动中使用的管理技术，用“技术管理方法”命名是合情合理的。

1. QFD（质量功能展开）概要

QFD 取自英文“Quality Function Deployment”的首字母，是日语的“质量功能展开”英译后的词汇。也就是说，QFD 是日本开发的技术管理方法，最初于 1978 年由赤尾洋二和水野滋两位博士提出。

这种技术管理方法受到了许多企业的关注（尤其是最初，比起日本企业，美国以汽车产业为中心的企业更积极地引入该方法），实际应用也证明了这是一种新产品研发及设计阶段质量保证的有效方法，并一直延续至今。

另外，质量功能展开（广义）由质量展开和质量功能展开（狭义）组成，对于“实现质量功能展开的目的（新产品研发和新产品从研发阶段开始的产品质量保证）”而言，两者都是必不可缺的（见图表 1-5）。

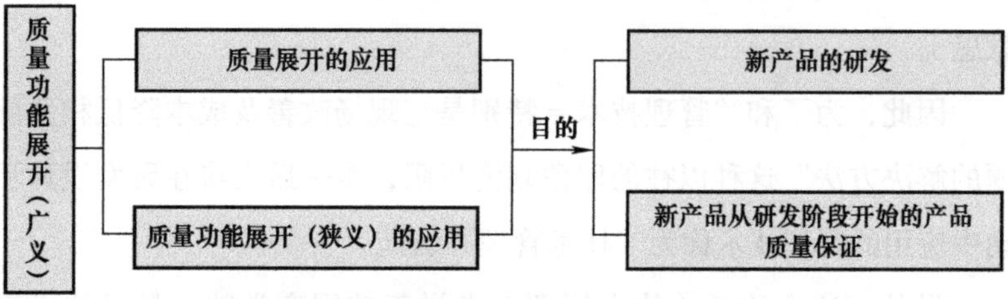

图表 1-5　质量功能展开（广义）的目的

① 质量展开

最初，质量展开首先以收集客户声音作为原始数据的起点，之后进行数据分析，将需求层面的质量提取为“需求质量”，将需求质量分层化，制作“需求质量展开表”。通过该表可以明确顾客想要什么（即 Voice of Customer）。

然后，将各需求质量的可实现化，即转换为可以测量的代用特性数值，与需求质量同样地进行分层化，制作整体的“质量要素展开表”，构成以 2 个矩阵形式展示的质量展开表。这个矩阵表也可理解为将市场需求转换为技术规格的表格。

在此之上，对该矩阵表中需求质量和质量要素（代用特性数值等）的对应重要度进行探讨，最终从重要度高的质量要素开始探讨设计质量。

② 质量功能展开（狭义）

为了保证产品等的质量，需从明确必须实行的业务活动开始开发。也就是说，这是将“质量的形成岗位制度或业务进行系统性的、分阶段的详细展开”，也就是将岗位或业务等“人”的工作进行展开。在此展开过程中，建议将 VE 功能分析的思维方式应用于质量功能方法中。

总而言之，把狭义的质量功能展开换一种说法，就是基于 VE 功能分析的“业务功能展开”。

2. 0 Look VE（策划阶段的 VE）概要

VE（Value Engineering，价值工程学）是 1947 年美国 GE 公司时任采购科科长的迈尔斯发明的方法，是分析所必须实现的“功能”及其所需“成本”之间的关系把握实现产品或服务的“价值”，通过“系统化（合理化）步骤（VE Job Plan）”实现“提升价值”的方法。

之后，VE 于 1960 年左右传到日本，当时最先将其引入企业的是制造业企业的采购部门，其大幅降低成本的效果备受瞩目。

在此之后，VE 也被应用在“产品本身的重新审视（再设计）= 产品改善的 VE（2nd Look VE）”和“有价值产品的研发、设计（新设计）= 研发设计阶段的 VE（1st Look VE）”，最终被提炼成实现顾客满意度高的产品（对 VE 来说即为高价值产品）必不可少的方法。

特别是，VE 的适用阶段进一步扩展到产品研发的上游阶段（策划阶段），被认为是“有价值新产品的策划书立案 = 策划阶段的 VE（0 Look VE）”中的有效方法。

0 Look VE 是为了创造有价值的产品或服务，正确把握市场（使用者)"有何需求""认可哪些价值",并在决策阶段满足这些需求的VE。从方法论维度通过使用和"QFD质量展开"比较接近的分析方法把客户的声音反映在策划书中的例子时常出现。

因此,0 Look VE和QFD在方法上(包括其思想)有着极其相似之处。

另外(特别是20世纪80年代后期之后),"0 Look VE作为研发设计活动中有效的技术管理方法"备受瞩目,因此在第2章"方法篇之一:VE"中,将继续介绍包含VE概要(VE思想及其发展历程)在内的研发设计活动和VE的关系(特别是0 Look VE和1st Look VE)。

3. TRIZ概要

TRIZ是"创新性解决问题理论"的意思,是由苏联原专利审议官阿奇舒勒[Genrich Altshuller(1926—1998年)]于1946年之后创建的系统化方法。

TRIZ是在苏联诞生的,是一个历史悠久的方法,被日本作为一种极为新颖的"技术管理方法"于1996年从美国引入。

TRIZ方法论成立的基本逻辑是"技术问题相关的创新性解决方案基本上可以基于过往的专利案例通过类比的思维方式找到",是基于庞大数量的具体专利分析(约200万件)得出的研究成果,是基于技术课题解决的基本思考流程(算法)、技术课题解决的具体技巧(问题分析的方法和解决创意创造的方法),以及对解决有效的知识数据库3个核心建立的方法论。

而且,TRIZ于20世纪90年代传到美国后,已发展成为被称为

“当代 TRIZ”的 TRIZ 软件，其 3 个核心也分别精炼成实践性技术管理方法。因此，有时为了便于区分，会将最初的 TRIZ 称为“经典 TRIZ”（TRIZ 的基本思想），但在方法论上两者都被视为同样的 TRIZ 对待。

另外，TRIZ 在研发设计活动中作为“为了获得研发产品（技术系统）相关的创新型构思（创意）的合理方法”备受瞩目，人们对其效果的期待值也在急速提升。

因此，本书第 3 章“方法篇之二：TRIZ”，详细介绍了以“经典 TRIZ”为核心的相关内容。

4. 田口方法（质量工程学）概要

田口方法是一种针对技术研发、产品设计、工序设计及工序管理进行质量和成本改善的技术性系统化方法，方法名称来源于开发者田口玄一博士的名字。当初，这种方法比起日本在美国接受度更高，在美国被称为田口方法（Takuchi method），因此田口方法就演变成了方法的名称。但是，日本将其正式命名为“质量工程学”，并于 1993 年创立了质量工程学。

质量工程学是以“所有功能都是能源的变换的理念”为基础，为了让系统的输入与输出之间的关系接近于理想状态而进行的“功能分析”方法。具体来说，几乎所有功能的理想关系是，如果输入信号为 M，输出信号为 Y，那么就可以用 $Y=\beta M$ 表示，然后在这个理想状态的前提下对偏差进行研究。

在实际的质量工程学实践（也就是实验）中，为了研发可以适用于大范围产品的技术，要选择尽可能大范围的信号（Signal），从理想状态中提取干扰输入关系的变量（噪声，Noise），并从这个数据求出功能的测度“扩展 SN 比”（扩展 SN 比指功能的效果和误差的比）和“灵敏度 S”。除此之外，为了改善 SN 比和灵敏度 S，使用各种各样的设计常数（参数）是非常重要的。

系统的输入与输出关系如图表 1-6 所示。

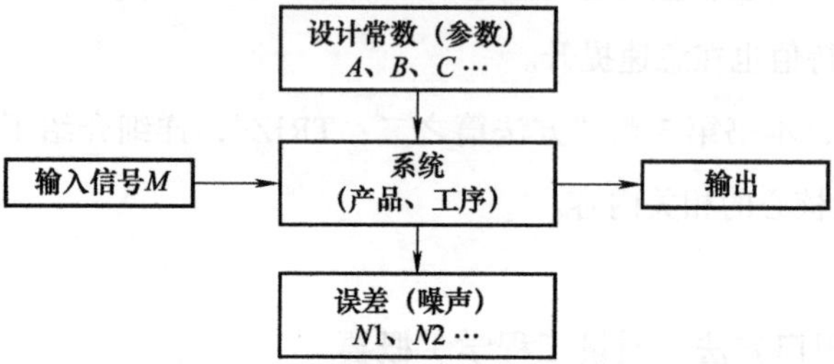

图表 1-6 系统的输入与输出关系

具体来说，我们不是分析在各种各样的“使用条件（误差因子的影响）”下特性值如何变化，而是寻找让特性值尽量不产生偏差的系统参数水平。通过这种方法（称为“参数设计”），在承认误差影响的基础上，设定设计者可以控制的“控制因子（参数）”的最佳水平值，从而实现稳定的目的功能。

该方法最大的特点是首先要“寻找最初与 SN 比最大化相关的设计常数”，这样即使使用环境发生变化，也能够稳定地实现目的功能。如果出现输出过大的情况，则进行输出的平均值的“调整（Tuning）”。

换言之，首先要通过参数设计来控制偏差，之后再采用变化平均值的方法，因此也被称为“2 阶段设计”（在质量工程学中，认为平均值的调整比控制偏差更简单）。

第2章

方法篇之一：VE

2.1 VE概要

1. VE诞生的背景及其基本思想

VE是第二次世界大战后美国GE公司开发的技术管理方法，与IE、QC一样，美国是其发祥地。

现在流行的说法是，IE是以经营咨询师泰勒所发表的科学管理方法为开端的，QC是以统计学家休哈特的管理图为契机诞生的。总而言之，IE和QC都是由“企业外部的专家和学者”开发的。

从这个维度而言，OR也与IE、QC一样，是以与解决的问题相关的外部人士，即英国和美国的理工科学者、心理学者、经营学者等，参加共同协助解决军事上的问题为契机，于1940年左右诞生的。

与此相比，VE的诞生经历是由GE公司的一位职员（当时的采购科科长迈尔斯）最初作为实际工作中的问题解决手段进行研发，之后通过反复的先行实践，并且逐渐同步整理成理论的。也就是说，VE诞生的背景本质上与IE、QC、OR等其他许多方法是不同的。

① VE诞生的背景

VE是以1947年美国GE公司的“石棉事件”为契机研发出来的采购方法（当时被称为Value Analysis，VA）。也就是说，VE诞生于第二次世界大战结束的两年之后。

这个时候，很多企业刚好处于准备把生产体制从军需转为民需的转型期。但是，由于在战争中很多企业都已军需工厂化，在兵器类生产上倾尽了全力，因此根据美国国防部的方针，他们将兵器类的性能和交付期放在首位，进行着不吝惜投资的生产活动。这种想法的根本是美国国防部“成本叠加一定利润（Cost Plus fixed fee）”的方针，在兵器生产时，性能和交付期的条件是严苛的；另一方面，关于成本，美国国防部要负担所有花费的成本。也就是说，战争中很多和美国国防部交易的企业根据销售额的比例确保了大量的利润，当时的军需产业利润是非常丰厚的。但是，由于战后军需转变为民需，很多企业意识到摆脱“成本叠加一定利润的恶习”越来越有必要。

事实上，在巨变的时代，VE 诞生在了 GE 公司，换言之，GE 公司在企业中率先彻底贯彻了产品的成本意识（虽然和 VE 的诞生没有直接关系，但 GE 公司在研发出 VE 后半个多世纪的今天依然还是全球代表性的优良企业，毋庸置疑的是，它具备了迅速应对市场环境变化的企业体制）。

② 从“石棉事件”中学习 VE 的基本思想

1947 年，美国 GE 公司发生了一件关于材料采购的事情（称为“石棉事件”），它被认为是 VE 诞生的起因。当时，GE 公司在电气部件喷漆的工序中使用了高架式传送机，由于涂装作业时油漆很容易出现滴漏并附着在地板上，燃烧的风险很高，所以要使用石棉材料作为地板铺盖。在这种情况下，涂装现场提出了采购石棉的要求，但 1947 年正是第二次世界大战结束不久，美国正面临因为物资不足很难筹措石棉的状况。正当其时，有一位不燃材料的专家问：“为何必须要使用石棉？”GE 公司的采购负责人回答了这个问题后，专家立刻建议用其他材料替代石棉材料。

在 GE 公司对替代材料进行研究后，发现了一个合适的材料，它完全满足所要求的技术条件，而且价格非常低廉，但在准备采购该材料时遇到了重大阻碍。这是因为当时 GE 公司内部的火灾防止委员会制定了火灾防止规则，其中一项规定为“不燃材料使用石棉”。因此，这个有价值的替代材料立刻不见天日了，但当时 GE 公司的采购科科长迈尔斯（VE 的创始人）主导推进了替代材料技术可行性的研究和试验，最终以这个为依据使得新材料被全面采用。

此后，该事件传到了 GE 公司高层耳中，当时负责采购的副总裁认为“这种事情的累加是造成成本上升的主要原因”，于是立刻命令迈尔斯负责综合推进降低成本。

接受此任务的迈尔斯一边回顾石棉事件，一边暗中摸索，最终在摸索中实现了“VA 作为采购方法”的体系化。

但是，对于这次的石棉事件，只要梳理一下其内容，就可以很容易理解作为技术管理方法的 VE 的基本思想，其要点整理见图表 2-1。

图表 2-1　石棉事件和 VE 的基本思想

石棉事件		VE的基本思想
GE公司采购负责人 专业领域人士	想要购入石棉 “为什么需要？”	①追求目的的思考 “为什么使用它？” （功能本位）
GE公司采购负责人 专业领域人士	“为了防止燃烧”（功能） “有其他替代材料”	②期待创造代替方案 目的（功能）虽然只有一个， 但手段（方法）有很多 ③专业知识的收集和应用 根据专家的提案进行改善变更
GE公司采购负责人 GE公司 （火灾防止委员会）	建议使用高价值的不燃纸 最初不采用 调查取证后采用 更改火灾防止规则	④克服障碍 改善时常伴随着障碍→克服障碍需要 忍耐与说服力

③ VE 的功能分析

VE 是一种以功能分析为基础的方法，而 IE 和 QC 是通过问题分析来解决问题的方法，两者的思维方式从根本上有所不同。

问题分析方法是详细分析现有的问题解决，抓住解决方案的方向，针对其进行改善的做法。功能分析是明确解决问题对象（产品或作业等）本来所持有的“功能”，从该功能出发思考解决方案的做法。

为了更好地理解这两种研究逻辑，下面介绍具体的案例。图表 2-2 针对“电脑轻量化”这一问题（主题），对两种方法的逻辑异同进行了比较。

图表 2-2 功能分析与问题分析的逻辑异同

解决主题：电脑轻量化	
问题分析方法	功能分析方法
（解决的头绪）追求原因思考（QC） 电脑为什么那么重？ ↓ 原因1：充电用电池重 对策1：研发轻量化的电池 ↓ 原因2：CD-ROM驱动器重 对策2：减少部件或使用轻量化材料 ↓ 原因3：FP驱动器重 对策3：减少部件或使用轻量化材料 ↓ 原因4：主体本身重 对策4：减少钢制部件 ↓ （最终结论） “从能够实施的对策开始逐渐进行轻量化”	（解决的头绪）追求目的思考（VE） 电脑为什么需要轻量化？ ↓ 目的：因为需要随身携带 ↓ 为什么需要随身携带电脑？ ↓ 目的：（主要）因为需要在出差时使用 ↓ 为什么在出差时需要使用？ ↓ 目的：（主要）因为需要收发邮件 ↓ 实现目的的对策 “将CD-ROM/FP驱动器改成拆装式，实现出差时的大幅轻量化”

类似这样的案例，即使针对的问题相同，但解决问题的逻辑也是可以变化的。至于哪个方法更好，可以根据问题的性质及目标的大小，或解决问题的成员来进行改变。但是，在此案例中，主题更接近于研发设计上的问题，因此采用功能分析的 VE 思想更有可能实现高满意度的解决方案。

也就是说，因为此案例涉及“设计型问题”，所以功能分析的 VE 更适用。代表性的问题类型特征见图表 2-3。

图表 2-3　代表性的问题类型特征

设计型问题	分析作为解决方案必备的功能并融入解决方案中
改善型问题	分析、发现改善对象现有的不合理、不规则和浪费的地方并改善其内容

通常，设计型的问题要从新产品研发这样还没有现有产品的阶段开始。因此，必须使用市场调查等营销方法把握市场（顾客）的需求事项。

然后，基于该需求事项，从“作为产品必不可缺的功能是什么？”的分析开始明确功能，研发实现这个功能的最佳产品（手段）。

总之，VE 的目的思考的想法本身，是“作为研发设计活动中最适合解决代表性设计型问题的方法，即技术管理方法”。VE 通过 1st Look VE、0 Look VE 的形式将其适用范围扩大到了产品研发的上游阶段，这从 VE 的基本思想来看也是理所当然的。

2. 对比日本和美国的 VE 发展历程

当初，作为采购技巧在美国 GE 公司诞生的 VE（当时称为 VA）

后来也扩大了适用范围和适用行业，被认为是最适合设计型问题解决的技术管理方法。

特别是在日本，在新产品开发这一与企业根基相关的领域中，积极引入 VE 的企业（主要是制造业企业）越来越多。当然，主要指的是 1st Look VE 和 0 Look VE。

下面，通过和 VE 的发祥地美国相比较，我们整理 VE 在日本的发展历程，以了解在新产品研发等方面积极应用 VE 的日本企业（尤其是制造业企业）的背景。

① 美国 VE 的发展历程

1947 年，美国 GE 公司开发的价值分析（Value Analysis，VA）后来也被其他企业所采用，从而在降低采购费用上取得了很大成果。美国国防部是从 VA 开发初期就一直高度关注 VA 的国家机关。

原因是，第二次世界大战结束后，美国国防部削减了庞大的国防预算。除此之外，美国又要维持在美苏冷战时的国防能力水平上，因此如何用低预算来维持巨大的装备成了重大课题。

也就是说，过去的只重视性能和交付期不再适用，在性能和交付期的基础上，成本管理也必须彻底地推行。

美国国防部曾于 1952 年从船舶局派遣考察团到 GE 公司，研究并确认其有效性，于 1954 年将 VA 正式更名为 VE（Value Engineering）并决定导入 VE。

虽然，在名称上 VA 和 VE 有区别，但并不意味着其方法有何不同，两者的思想是共通的，可以看作同种方法。因此，后面统一称之为 VE。

美国国防部在之后的1955年继续在空军推进VE的应用，1956年其陆军也采用了VE。美国国防部的这一举动也理所当然地要求了各签约方（美国国防相关企业）实施VE，至此VE作为带来价格竞争优势的手段被普遍应用起来。

在此背景下，1959年美国VE协会（SAVE）成立了。并且，美国国防部于1961年设立了“降低成本项目”，并于1963年将这个项目更名为VE，以美国国防部内部为基础，签约企业为了取得订单也开始全力实施VE。在这种以美国国防部为核心的VE的积极措施和实际业绩的背景下，美国联邦政府采购局（GSA）也引入了VE，并于1975年设立了价值管理（Value Managament，VM）的综合管理部门，在政府采购产品时也强力推行VE。

从这样的历程可以发现，美国的VE可以说是以美国国防部和美国联邦政府等国家机关为主导强力推行的。

② 日本VE的引入及其发展历程

VE传入日本是在美国VA诞生8年后的1955年（日本昭和30年）。这一年10月，日本生产性本部（现社会经济生产性本部）派遣的成本管理视察团首次了解了在美国企业内部通过使用VE来降低材料费用这一信息。

之后，当时的产业能率短期大学的附属研究机构——日本产业能率研究所从美国GE公司得到了VE的文献并进行研究，开始举办VE讲座及研讨会。

但是，当时日本产业界因为从高度增长期进入了扩张期，企业已经推动引入和固化QC的浪潮，而作为降本方法的VE并没有受到太多关注。之后，随着市场竞争的加剧，企业开始提倡降本的必要性，自日本昭和 30 年代后期开始，作为降低材料费用的方法，以汽车和电气行业为核心开始引入 VE 的企业才逐渐增加。

在这样的背景下，日本在 1965 年成立了日本 VE 协会（SJVE），VE 的思想及方法论才得到了普及，适用行业才不断扩大，扩展到了造船、汽车、钢铁及建筑业。尤其以 1973 年的石油危机为契机，日本采用 VE 的企业急剧增加。

在这个阶段，VE 不仅仅是降低材料费用的方法，还是以整个产品为 VE 对象，通过变更设计方案来降低成本的方法，这也就是所谓的"产品改善的 VE（2nd Look VE）"。

但是，当时仅强调降低成本的倾向较为严重，却忘记了 VE 本来的目的是提升价值，陷入了"价格低质量差"的情况。

此后，以这种失败案例为教训，以提升价值（保证质量，节省成本）为目标的 VE 在日本企业中固化下来。

尤其是到了日本昭和 50 年代后期，VE 的适用范围进一步扩大，实施"研发设计阶段的 VE（1st Look VE）"的例子也在增加，无论经济状况好坏，以提升价值为目标的 VE 在所有行业（以制造业为中心）中都被积极地使用。这种趋势即使在当下的日本企业活动中也并没有发生太大的变化，尤其是为了应对"新产品研发相关的企业环境的恶劣变化"，比起之前，人们对 1st Look VE 和 0 Look VE 的期待越来越大。上述倾向也反映在了日本产业能率大学实施的研究开发和技术部门的相关调查结果中（见图表 2-4）。

图表 2-4　活用的管理技术和稳固的管理技术

技术名称	活用的管理技术		稳固的管理技术	
	回答数（A）	占比（%）	回答数（B）	占比（B/A）（%）
开发设计 VE	159	**20.73**	35	**22.01**
QFD（质量功能开展）	64	8.34	6	9.37
DFMA	16	2.08	1	6.25
田口方法	62	**8.08**	2	3.22
FTA、FMEA	129	**16.81**	27	**20.93**
QC	208	**27.11**	59	**28.36**
IE	57	7.43	2	3.50
OR	9	1.17	0	0.00
PM	37	4.82	1	2.20
TOC	16	2.08	2	12.50
其他	10	1.30	3	30.00
合计	767	100.00	138	17.99

注：「TRIZの有効性を探る～研究開発·技術部門になける諸課題に関する調査から」『研究開発マネジメント』2001年7月号，竹村，澤口，吉澤共著 p.46 より引用のうえ，一部加筆修正

2.2　VE 的定义

VE 是一种解决设计型问题（产品研发活动等）的有效方法（技术管理方法），在实际的产品研发活动中出现了很多积极使用 VE 的情况。因此，在本节中，将通过“VE 的定义”来更加深入讨论 VE 这种方法的本质。

> **VE 的定义**
>
> VE 是通过团队的努力，对产品（及服务）进行**功能分析**，并试图以最低的生命周期成本来实现必要功能的方法。

上述定义中各个关键词（黑体文字）的背景具有深刻的含义，只有充分地理解了这些关键词，才有可能正确地理解 VE 的本质。图表 2-5 所示为产品的生命周期成本。

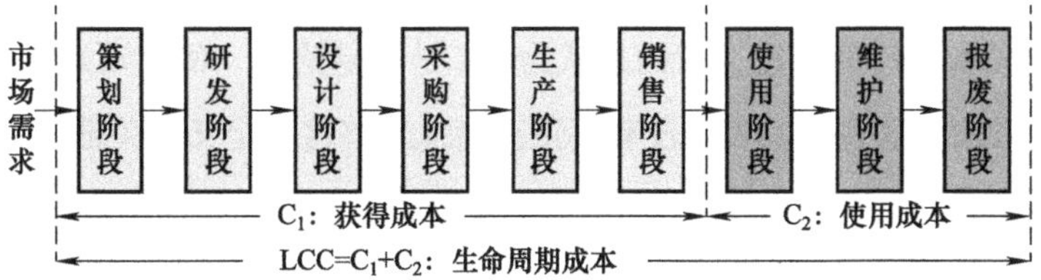

图表 2-5　产品的生命周期成本

1. “最低的生命周期成本”——追求顾客本位经济感受的 VE

正如人的一生，产品或服务也有各自从诞生到废弃的一生，称为生命周期，这是一个适用于所有对象的概念。

例如，以某一产品为前提来明确生命周期。产品首先融入顾客（市场）的需求，开始其作为产品的一生。该需求是指顾客要求功能，也就是产品应该具有的功能，经过策划、研发设计、采购和生产等阶段后成了具体的产品。然后，将该产品销售给顾客，之后顾客再使用，历经维护阶段，最终到达产品寿命迎来报废。

这一系列流程（生命周期）中花费的所有成本的总和称为生命周期成本。从生命周期成本发生场所这一维度来看，可以分为“企业方在某一阶段发生的成本”（从企业方来看是制造成本，但从顾客方来看是加上企业利润后的获得成本）和“顾客方在某一阶段发生的成本”（从顾客方来看是使用成本）。

也就是说，VE是以包含交付给顾客之后发生的使用成本在内的成本最小化为目标，而不是仅仅希望降低生产者单方面的成本这样简单的想法。也就是说，“VE是用顾客本位的思想追求经济感受的方法”。

某一时期（VE引入日本的初期），也存在着认为VE就是单纯的降低成本方法的想法，片面地认为VE是容易陷入“便宜没好货”的危险方法，这些人其实并没有真正正确地理解这个定义的关键词。

另外，补充一句，需要铭记如果只站在生产者的视角拼命降本，最终交付后来自顾客的索赔处理可能会导致比降低成本还要高的成本上升，最终造成“生命周期成本上升”的结果。

2. “切实实现必要功能”——追求顾客本位技术感受的VE

产品，理所当然的是先有顾客需要该产品，它才有了被生产的意义。并且，顾客想要的是这个产品所具备的功能，绝不是物理结构体本身。

因此，企业在开始研发产品时，首先必须要从“顾客期待的功能是什么”这个问题出发，但事实上，基于企业本位思维的“功能过剩型产品”和“偏重设计型产品”问世也是不争的事实（实际上，在泡沫经济最繁盛的时期，这样的产品大量地出现在市场上，见第 1 章的图表 1-1）。

这种现象发生的最大原因就是，在激烈的企业竞争中，只被“其他公司产品的表层特性（即肉眼可见的表面构造上的特征）”所吸引，没有看到顾客真正想要的功能。图表 2-6 所示为功能和构造的关系。

图表 2-6　功能和构造的关系

企业本位的思维	功能<构造	从结构体开始构思，结果能达成什么功能是之后的事 功能过剩型产品、偏重设计型产品
顾客本位的思维	功能>构造	从顾客期待的功能开始构思，最终形成什么样的构造只是结果 顾客满意度高（高价值）的产品

也就是说，出现“其他公司是这种类型的产品，我们公司就在这部分多追加一种功能不就可以了吗？”等情况，是从对结构体的构思（物本位的构思）开始，之后才决定功能的思维导致的，也就是以“不是功能大于构造，而是功能小于构造”的理念研发产品。

事实上，“必要的功能”应该是“顾客期待的功能”，绝不能出现设计者个人独断主观地认为必要功能的情况（也就是以某产品的构造为前提，后续追加构思的功能）。

从这样的观点来看，在明确了产品的顾客受众后，再认真思考必要的功能是什么，那么不必要的功能也会大幅显现出来。

另外，VE 中将功能大致分为“使用功能”和“贵重功能（魅力功能）”，笔者考虑了产品领域的多样性，将使用功能细分为需求（Needs）功能和期待（Wants）功能，将贵重功能细分为“艺术设计功能”和“名片功能”，应认真仔细地掌握顾客所需的必要功能，各功能的特征见图表 2-7。

图表 2-7　各功能的特征

使用功能	需求功能	直接做出贡献的实用功能，特别是产品根基相关的功能（使用价值） 例： 手机“在外出时，通过声音传递信息变为可能”等
	期待功能	需求功能以外的实用功能，为提升顾客满意度做出贡献的功能（使用价值） 例： 手机“在外出时，通过电子邮件（电子上的文字）传递信息变为可能”“网上搜索信息”等
贵重功能	艺术设计功能	让顾客更想拥有这个产品设计层面（颜色、形状、质感等）的功能，主要是吸引顾客视线，使其眼前一亮（魅力价值） 例： 轻薄小巧、折叠式手机的兴起，色彩明亮的机身等
	名片功能	让顾客更想拥有这个产品的品牌及宣传语层面的功能，主要是吸引顾客倾听产品内在并乐于接受（魅力价值） 例： 手机的 i 模式、EZWeb 等能够广泛应用（一定程度上基于顾客对这些通信企业的信任）

期待功能可以切实提升顾客满意度，这对所有客户而言也提升了其对基本功能的认识，也有了将期待功能转换成需求功能的可能性

（从以上的手机的案例就可以发现期待功能已经变成了需求功能）。

其次，“切实实现必要功能”是指准确地设定基于顾客期望功能（主要使用功能）相关的技术规格，并切实地满足上述规格。这种情况下的技术规格，主要是“性能（功能的实现度）、可靠性（功能实现的持续性）、维护性（功能实现出现故障时的修复性）、安全性（功能实现的安全度）和操作性（实现功能操作的容易性）等”。

一直以来，顾客除了一些个别订制产品，是不会对技术规格提出细微要求的。换句话说，或许顾客基本上并不具备能够提出详细技术要求的能力。

因此，企业的最大使命就是将停留在定性的印象层面上的顾客所期待的功能转换成技术规格，以切实实现此技术标准。

也就是说，“VE 必须是一种追求顾客本位技术感受的方法”（另外，作为以这种思维来掌握顾客要求的方法，除了 VE 之外还有 QFD 的质量展开，参照第 1 章。

尤其是在现今这种“生活者优先社会”中，从保护生活环境的角度出发设定技术基准也是很重要的，因此必须切实落实这一标准。例如，“不使用氟利昂的环保冰箱”和“适应尾气规定的低油耗汽车（混合动力汽车等）”的研发。

尤其是，作为日本一个巨大的社会问题，“使用过的产品的非法丢弃问题”非常突出。这是一种顾客将寿命已尽的产品擅自丢弃在不该丢弃的场所的违法行为。当然，毋庸置疑随意丢弃是不好的，但实际上日本在行政上的规定和处理成本等问题也是非法丢弃的一大原因。

所以，电子产品等也不是单纯地废弃进行废铁化，而是采用和行政机构进行机制合作，在产品研发中积极采用回收旧产品零部件再循环使用的企业正在不断增加（特别是计算机等以循环使用为设计目标的产品）。

因此，相信今后作为生命周期成本中一部分的废弃成本也将会包含循环使用费用。这样一来，顾客方也会和企业协作共同承担对环境保护的责任，包括负担一部分循环使用费在内的废弃成本也将会成为社会共识。

但是，如果企业方陷入将废弃阶段产品的处置费用和循环使用费用的大部分转移给顾客，就会导致生命周期成本大幅增加，和顾客本位的经济感受追求出现大的偏差。所以说到底，企业使命是“最低的生命周期成本”和“切实实现必要功能（也包含废弃处理和循环使用设计相关对策）”，切记这两个关键词是表里如一的关系。

3. “产品和服务”——广泛的 VE 适用对象

VE 的适用对象大致可以分为 2 个领域。一种是俗称的硬件，一种是软件。图表 2-8 所示为 VE 的适用对象领域。

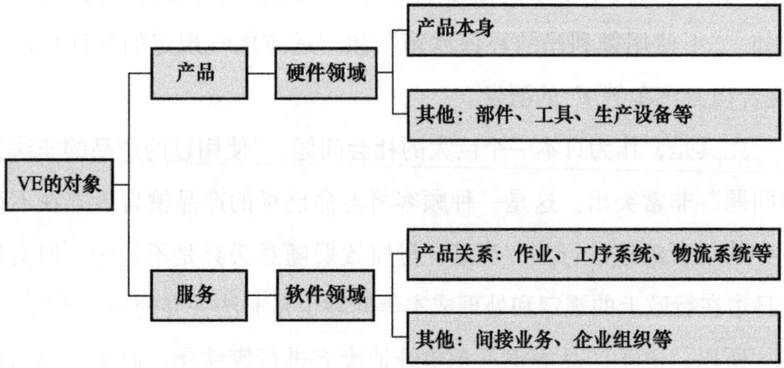

图表 2-8 VE 的适用对象领域

实际上，VE 定义的产品指的是硬件领域，产品本身自不必说，制作产品所必需的材料、部件、工具，以及生产设备等也都包含在内。另一方面，服务是指软件领域，服务业务自不必说，物流系统、业务组织、作业、工序系统、应用软件、内容开发等也都包含在内。

并且，VE 在建筑行业也十分盛行，通过施工改善 VE 缩短工期的活动也可以说是服务（软件领域）VE 的一部分。

4. “功能分析”——VE 活动的实践性推进方式

在 VE 中，有一个被称为“功能分析”的问题解决程序（Value Engineering Process，VEP），通过遵循此程序来进行 VE 活动。图表 2-9 所示为基于功能分析的问题解决方法 VEP。

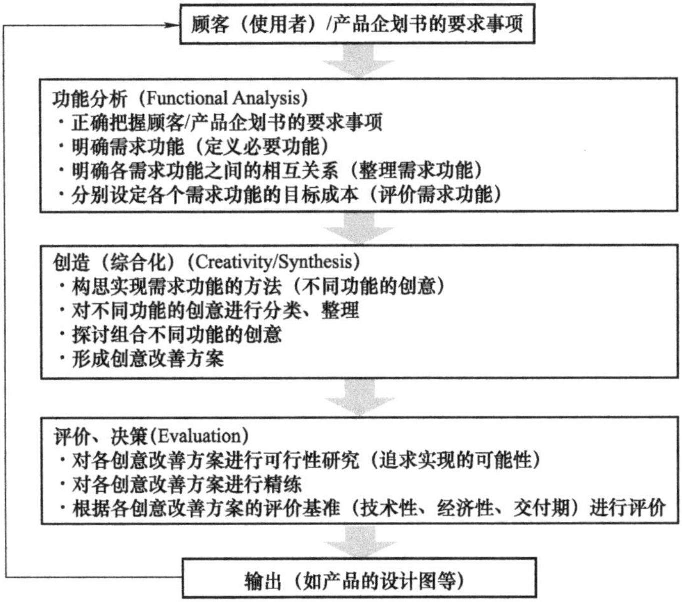

图表 2-9　基于功能分析的问题解决方法 VEP

企业在新产品研发时，通过多次反复使用VEP，可以确切地精炼设计输出。也就是说，从概念设计到基本设计，再到最终的详细设计可以分阶段合理地推进具体化，从而完成可以实现产品化的制造规格书。

VE如前所述，根据其适用阶段可以区分为“产品改善的VE（2nd look VE）”和“研发设计阶段的VE（1st look VE）”，以及“策划阶段的VE（0 look VE）”，但不管什么场合，VEP都是活动的基本步骤。所以VE不同适用阶段的区别仅局限于各个活动步骤（称为“VE Job Plan”）实际业务方面的技巧上，因此无论是什么适用阶段的VE，正确理解“功能分析=VEP”的思考方式是非常重要的。

5. “组织努力”——TFP（Task Force Project）活动的实践

如同“组织努力”这个词汇明确表示的意义一样，VE活动的基本原则是不以个人力量进行，而是要由各个领域专家（策划、研发设计、采购、生产、销售等）组建项目小组来实施。

项目小组的成员通常从产品策划部、研发设计部等日常的业务团队中选拔，用“TFP（Task Force Project）”开展活动是大前提。

TFP本来是军事用语，指为了解决某特定作战（问题），由一位指挥官召集各个部门的专家组成临时小组，问题解决后就解散的意思。如果将此引用到VE活动中，相当于“一种特定的作战=新产品研发等”“指挥官=PL（Project Leader）”。

特别是进入2000年后，为了打破泡沫经济崩溃后自20世纪90年代开始的停滞期，不拘泥于已有的业务部门和组织，从各方面广泛招募拥有丰富创意的年轻人才（30岁出头为核心）组成项目小组，推进符合新时代（21世纪）新产品研发的日本企业不断增多。

但是，如果想让 TFP 形式的活动成功，很大程度上取决于 PL 的能力，此外为使项目小组更易于开展活动，确立周围的支援体制也是必不可少的。图表 2-10 所示为 VE 定义的体系。

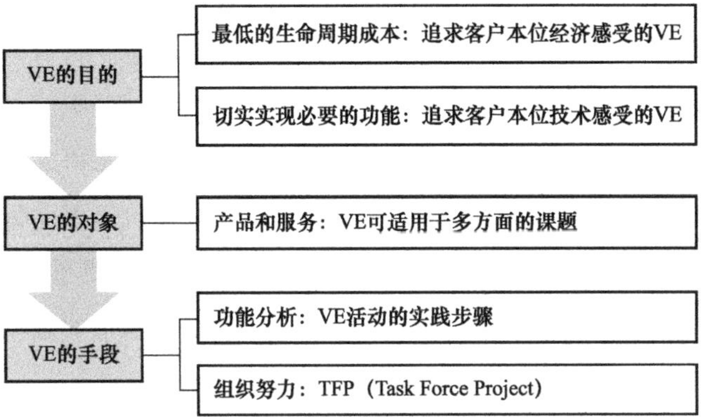

图表 2-10　VE 定义的体系

6. VE 定义的总结

通过正确理解“VE 的定义”和各关键词，可以系统性整理 VE 这种技术管理方法。

也就是说，针对“产品和服务”这一对象，“以最低的生命周期成本切实实现必要的功能”是 VE 的目的，作为实现这个目的的手段，“功能分析”和“组织努力”是必不可少的。

7. VE 的价值

VE 中的价值概念公式是 $V=F/C$，价值通过功能和成本的关系来体现。作为 VE 定义目的的关键词和价值概念公式的对应关系为

$$V=\frac{F\text{(Function)}}{C\text{(Cost)}}=\frac{\text{得到效用的大小：切实实现必要的功能}}{\text{支付费用：最低的生命周期成本}}$$

价值原本是一个相对的概念，会随着人的立场或状况的变化、时间的变化或场所的不同而变化。所以说，价值的种类有很多，存在着各种各样的解释。例如，稀缺价值、交换价值、成本价值、使用价值、贵重价值等常见的价值。

VE 正如价值概念公式所明确的那样，应基于功能和成本的关系努力提升价值的技术管理方法，所以 VE 所论述的价值可以明确地分为对应使用功能的“使用价值”和对应贵重功能的“贵重价值”。换言之，顾客对产品的满意度指的是使用价值和贵重价值的总和（从理论上而言）。图表 2-11 所示为典型的价值概念。

图表 2-11　典型的价值概念

① 稀缺价值	指的是在世间存在数量较少，并且很难获得的物件，由稀缺程度而产生的价值概念 例如，古董艺术品、古钱币、旧时的邮票等
② 交换价值	指的是拿自己所拥有的物品和他人的物件进行比较，双方都愿意将彼此的物品进行交换而产生的价值概念 例如，祖先流传下来的物件、职业棒球的球员交易等
③ 成本价值	指的是在产品的生产、销售中投入成本所产生的价值。为了生产和提供产品，需要花费材料费、人工费、促销费等成本。如果要利用先进技术来研发产品，那么就会出现要支付庞大的初期研发费用的情况。也就是说，正是因为在产品研发时需要投入大量的成本，所以投入的这些成本也应该具有相对应的价值
④ 使用价值	指的是使用者认可了产品所带来的功能，感到满意时产生的价值概念。产品在满足使用者的实际需要时，就证明了其价值的存在
⑤ 贵重价值	指的是在产品所持有的特性中，针对颜色以及形状、质感这类设计因素和名称等品牌因素，让使用者感受到魅力而产生的价值概念。在使用者对此产品产生想要购买它、拥有它、感受它的魅力时，也就认为它有了价值

不过，使用功能（需求功能和期待功能）是产品的实用功能，所以只要它是工业产品就一定存在，但是贵重功能（艺术设计功能和名片功能）是让人更想拥有这个产品的设计或品牌等 $+\alpha$（针对使用功能的实用面而言，有时也称信息面）相关功能，所以它在消费品相关的产品中比较多见。

另外，对于使用功能中的期待功能，在提案初期将其新奇性向顾客宣传，可以提升让顾客更想获取的期待，因此期待功能不仅是使用功能，对提升贵重功能也会有所贡献。

但是，另一方面，期待功能也会成为过度的功能，会在一时的热潮之后消逝（泡沫经济鼎盛期这样的产品很多），就像之前提到的，切记如果对顾客而言必要性高，必然会转换为其需求功能。

另外，贵重功能中的名片功能，狭义上指纯粹的产品名称及宣传语，但广义上可以理解为名片功能中也包含了与顾客期望相关的企业长期构筑的“社会信任度”（也就是品牌形象）。因此，即使对象只有单一使用功能的产品（主要是普通生产物），只要拥有企业的品牌形象，也会为顾客提供一些贵重价值（特别是名片功能）。

换言之，即使是以生产普通生产物为主的企业（当然也可以包含任何企业），“不断研发以顾客期望为宗旨的产品，认为提升企业的信用度是理所当然的使命”“企业的品牌形象 = 对于社会的形象”是普遍存在的。

所以在图表 2-12 中，认为即使是生产普通生产物的产品也会向顾客提供一定程度的贵重价值。

图表 2-13 所示为重新整理的作为 VE 对象的价值体系。

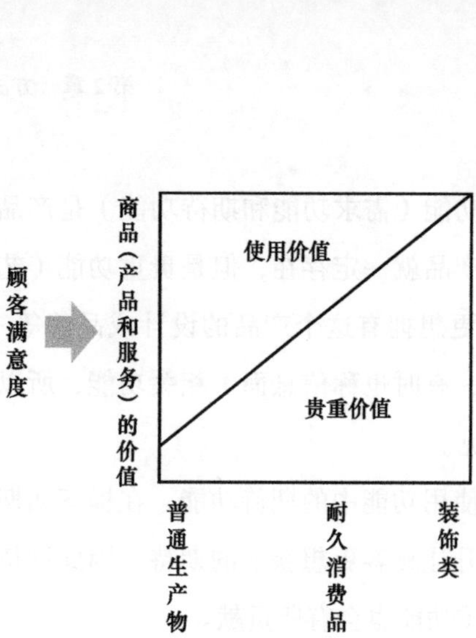

图表 2-12　不同商品类别的价值

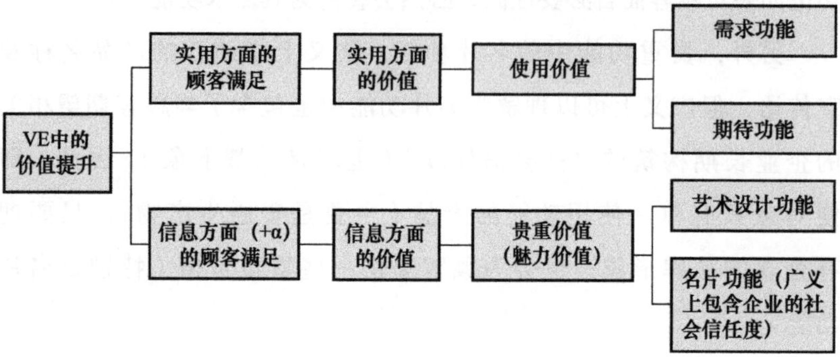

图表 2-13　作为 VE 对象的价值体系

2.3　合理的研发、设计活动和 VEP

本节提出的研发、设计活动是策划可以满足顾客期待的产品，从制作“详细设计图”（如果是软件则是启动程序及算法等的应对）到出图为止（包含已生产一次产品的再设计）。

合理推进这一连串的研发、设计活动，意味着反复切实执行前文所提到的“VEP”（见图表 2-9）并将设计输出精炼至详细设计图（最终提案图）为止。

1．研发、设计活动和设计评审（Design Review，DR）

通过重复研发、设计活动中的 VEP，会起到精炼设计输出的效果，但如果不在精炼化过程中的适当时机进行设计评审，仍然难以实现高价值产品。

设计评审是指“在精炼设计输出的每个环节，结合策划部门和研发、设计部门以外的各部门（工艺、制造、质量管理、采购、销售等）对设计输出提出积极的改善意见（对于担心点的对策方案等），也是实现高价值产品的系列性组织活动体系”。

因此，至少在实施设计评审时，要将企业的综合实力切实地反映在设计输出中。

另外，Design Review 有时译为“设计审查”，会出现从字面上的意思去理解的情况，误解为检查设计图纸、审查设计技术人员的能力，所以后面将按照原词使用 DR 来表示。DR 活动是以设计技术人员和其他部门之间的协调为前提，顺利推进适用 VE 的研发、设计活动中必不可少的企业组织性的设计支援活动。也就是说，为使 DR 始终顺利实施，切记除了参与支援 DR 活动，还有维护和管理的相关工作。

那么，DR 在一系列的研发、设计活动中应该实施几次最佳呢？这无非是根据项目的重要性及其规模等决定的，并没有绝对的必要次数规定。

但是，一个项目中的DR至少要在研发、设计活动的早期阶段和详细设计阶段实施数次以上。

在某研发、设计活动（新产品的策划到产品的研发、设计范围）中，标准上进行了4次DR（见图表2-14）。

其中，DR-1对应“策划阶段的DR”，DR-2对应“概念设计阶段的DR”，DR-3对应“基本设计阶段的DR”，DR-4对应“详细设计阶段的DR”。

当然，项目规模大或重要度较高时，有时也会在DR-3和DR-4之间增加DR；反之，如果是小规模项目，也可以考虑将DR-3和DR-4合并进行。

但是，DR-1和DR-4分别对应决定和批准“策划内容”的阶段和“生产移管”的阶段，因此无论是什么项目都绝对不可以省略。

特别是DR-1，在销售和策划部门及研发、设计部门基于相互理解的基础上，设定了产品概念及制造允许成本，决定了主要的设计质量（技术性基本规格），并且和下游部门（尤其是制造及材料、采购部门）相互协调决定了适当的开发工数、日程。也就是说，这是会对之后项目成功与否产生重要影响的DR。

另外，DR-4是边制作样品边为顺利进行生产移管的最终DR，特别是设计技术部门和制造及工艺或材料、采购部门必须充分沟通。也就是说，它负责去除在产品量产阶段可能诱发重大问题的相关要素。

因此，从易于制作的角度考虑，最主要目的是把制造现场的担心点在设计图纸（生产设计水平）中精炼。

图表 2-14　研发、设计活动的基本流程和 DR 的位置

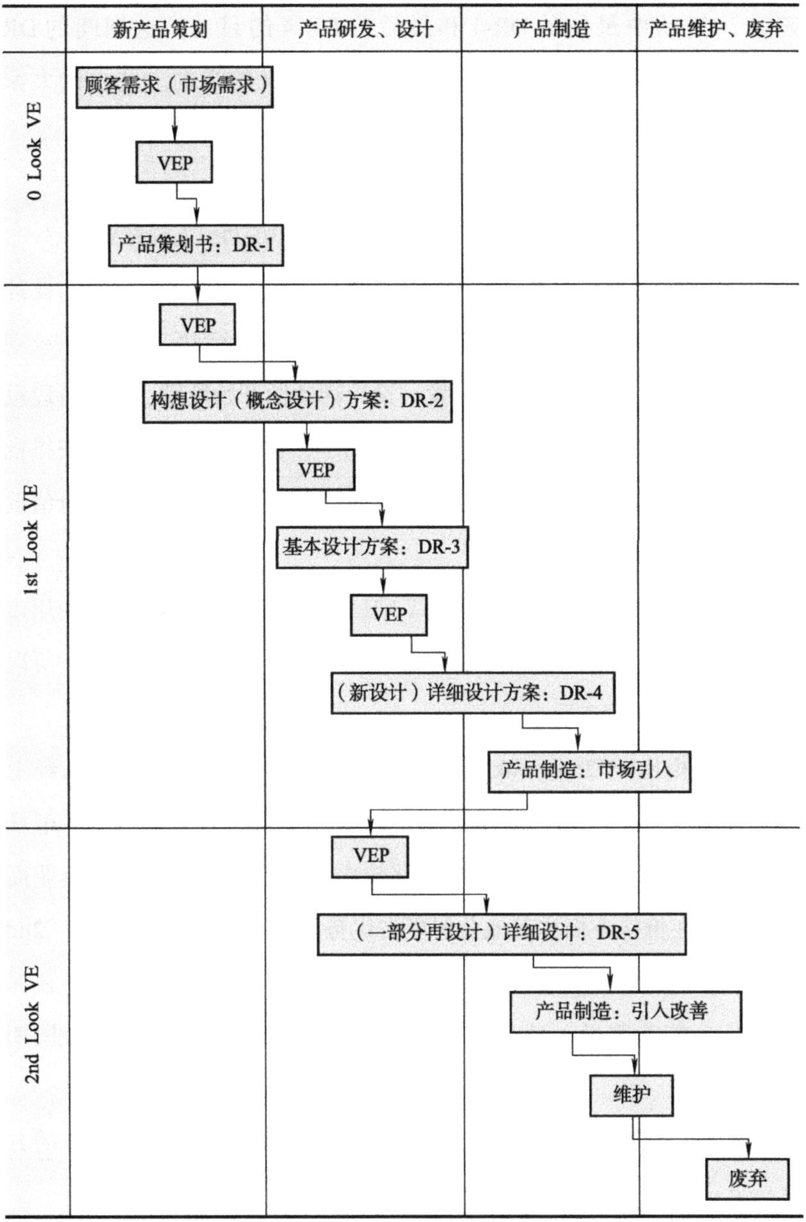

另外，虽然其他阶段的DR也是很重要的，但如果不能正确理解设计活动中最初的DR-1和最后的DR-4的目的，这期间的DR就只是单纯的凑数而已，容易陷入没有意义的活动。这点请大家铭记。

2. 研发、设计活动的核心——0 Look VE/1st Look VE

“0 Look VE（策划阶段的VE）”和“1st Look VE（研发、设计阶段的VE）”（见图表2-14）是新产品研发的核心活动。

“0 Look VE”的实施是研发、设计活动的开始阶段，这一阶段没有比新产品策划的立案更有价值的活动了，在DR-1策划内容获得批准后，通过“1st Look VE”对设计内容进行具体讨论，进行高价值设计输出的创造活动。

另外，“0 Look VE”也有在其VE Job Plan（活动步骤）中使用市场营销的方法来决定相关项目（顾客层、产品概念、售价等），所以也被称为“营销VE”。

与此相比，“2nd Look VE（产品改善VE）”是一种针对已经上市的现有产品为符合市场需求进行产品改善的VE活动。由于市场对于产品的需求会随着时间的推移转向价格层面，因此对于企业而言，如何在价格方面比其他公司更占优势成了重要课题。所以，“2nd Look VE”不得不变成成本降低显著的VE，但始终不能忘记，在保证产品功能（质量）的基础上，“合理地降低成本＝降低生命周期成本”。

另外，日本企业对VE的关心从“通过调整设计来降低成本的方法（2nd Look VE）”调整为“研发、设计活动的合理方法（0 Look VE/1st Look VE）”（见图表 2-14）。

于是，笔者在 0 Look VE/1st Look VE 的 VEP 中引入了备受关注的技术管理方法“TRIZ”（第 3 章详细介绍），也提出在“VEP”（见图表 2-9）的基础上创造（综合化）更加合理且精炼的研究方法。

第3章

方法篇之二：TRIZ

3.1 TRIZ概论

1. TRIZ的定义

TRIZ是在苏联诞生的方法论，创始者是阿奇舒勒（Altshuller，1926—1998年），所以其语源是俄语。

实际上，TRIZ是由俄语“теории решения изобретательских задач（用于解决发明性问题的理论）”各单词用拉丁语标音的首字母命名的。

теории	решения	изобретательских	задач
Teoriya（理论）	Resheniya（解决）	Izobreatatelskikh（发明）	Zadatch（问题）

英文为“Theory of Inventive Problem Solving”。

它在美国一开始被译为“Theory of Inventive Problem Solving”，取各英文单词的首字母，称为“TIPS”，但现在美国压倒性地称之为TRIZ。

此外，在本书中，笔者并没有将Inventive译为“发明性”，而是用“创新性”来代替。

理由是，笔者担心“发明”这个词汇所带有的一种独特语感会表示出“一些天才灵光一现”的意思，从而掩盖了原本“解决企业课题”的本质。也就是说，毋庸置疑TRIZ是一种更加能解决企业现有课题（特别是技术性课题）的有效方法论，而从“打破现状”这一侧面易于联想到的“创新”一词更能传达TRIZ的本质，是更加贴切的词汇。

2. TRIZ 诞生的背景及其基本思维

① Altshuller 和 TRIZ 的兴起

TRIZ 的创始人 Altshuller 于 1926 年出生于苏联的塔什肯特市，从小就表现出发明的才能，获得了很多专利。之后，他的发明才能得到认可，被苏联海军聘请为专利审议官。

他担任专利审议官时，在对数十万个专利案例进行分析的过程中，发现“每个发明的根基中都隐藏着一定的模式”，之后，他于 1946 年奠定了 TRIZ 的基础。这就是 TRIZ 的开始。此基础用一句话来概括就是“关于技术问题的创新型解决方案大部分都可以基于从过去发明案例中得到一定规律的模式和原理，通过类比思维来实现”。在此之后约 40 年中，Altshuller 独自一人开展了 TRIZ 的一切研究，到了 20 世纪 80 年代中期，他结束了自己的 TRIZ 研究（有一种说法是，他自己在这个时期认为 TRIZ 的技术性研究已经完结）。

在此期间，Altshuller 因批判其当时的国家体制，被关押到西伯利亚的集中营（1950—1953 年）吃了很多苦，但他依旧坚持对 TRIZ 的研究，并于 1969 年在巴库（现在的阿塞拜疆共和国的首都）设立了最初的 TRIZ 学校。此后，到了 20 世纪 70 年代，TRIZ 学校席卷苏联，但 Altshuller 及其学生们再次受到国家的猜疑，饱受辛酸，其间 TRIZ 通过非官方的方式传授。1989 年，Altshuller 作为会长设立了 TRIZ 协会。1998 年，Altshuller 因病逝世于彼得罗扎沃茨克，享年 72 岁。

在 Altshuller 对 TRIZ 的研究终结后，也就是 20 世纪 80 年代中期之后，TRIZ 的研究由他的伙伴和学生继续进行，至今为止总共分析了 200 万份以上（这个数字不一定准确，但是数百万这个单位应该没有错误）的专利（除了俄罗斯以外，还包括日本、美国和欧洲一些国家的专利）。

另外，苏联从1990年左右开始受Perestroika的影响，官方正式开始介绍TRIZ，现在有很多TRIZ专家（Altshuller的学生及在TRIZ学校学习TRIZ的学生）作为TRIZ咨询顾问和TRIZ研究者活跃于世。

也有许多优秀的TRIZ专家为寻求新天地远赴美国，其结果就是TRIZ于1990年被引入美国，流传至今。

日本在此之后于1996年从美国引入TRIZ。此外，TRIZ也被介绍到欧洲一些国家（英国、德国、西班牙、法国等）和以色列、韩国、澳大利亚、越南等国家，但西方各国总的来说还是没有公开太多的TRIZ实际应用案例（但在美国的TRIZ专家Ellen主办的线上TRIZ期刊中可以看到宝贵的TRIZ案例/论文，http://www.triz-journal.com）。

TRIZ仅在苏联就已经有几十年的历史，可以说是和在美国诞生在日本生根的VE有着基本同样成熟的技术管理方法。

因此，本书以“形成TRIZ核心的古典TRIZ的部分”（以Altshuller为中心推进研发的时代（1946年—20世纪80年代中期）的TRIZ方法）为核心，从下节开始以每个方法配合相关案例的形式进行介绍。

② TRIZ的基本思维

“关于技术问题的创新型解决方案大部分可以基于从过去发明案例中得到的一定规律的模式和原理，通过类比思维来实现”这样的TRIZ概念，从某种意义上是形成TRIZ理论根基性的假设，为了使这种假设切实可靠，TRIZ 学者继续调查专利案例，可以说至今为止实现了庞大数量的专利案例分析。

因此，可以说 TRIZ 是在“专利案例这一专业技术的集大成”中诞生的，可以称之为“专业技术支撑型的技术管理方法”。

图表 3-1 对 Altshuller 通过专利案例分析结果引出 TRIZ 概念（或者是假设）的相关内容进行了整理。

由 Altshuller 发现和整理的内容在后来成为他和其他伙伴研发 TRIZ 方法的原点，可以称之为“TRIZ 的基本思维”。

对图表 3-1 的 2）中整理的问题解决创新度等级进行一些补充说明，从问题解决的创新性这一角度来分析，可以整理为 5 个等级，从利用个人知识解决的第 1 级开始，到用科学法则和原理的发现解决的第 5 级为止。问题解决创新度的详细整理如图表 3-2 所示。

图表 3-1　Altshuller 的主要发现——TRIZ 的基本思维

1）创新性问题的定义	2）问题解决中创新的含义及其创新度等级	3）创新性问题的产生	4）技术系统的进化模式
① 专利案例是创新性问题的解决方案 ② 创新性问题一定包含 1 个以上的矛盾 ③ 为了解决问题，需要目前未知的方法和手段	① 创新性问题解决是指不妥协地解决其矛盾 ② 问题解决创新度可以根据独创水平分为 5 个等级（等级 4 以下可以用 TRIZ 解决，占据整体的 97% ~ 99%）	① 即使是不同领域的创新性问题，其在本质上也拥有很多同类矛盾 ② 本质上同一解决方案经过一定岁月，在其他案例中重复使用的情况很多	① 技术系统基于 S 曲线理论进化 ② 技术系统的进化模式可以从多个观点整理获得

图表 3-2 问题解决创新度的 5 个等级

创新度等级	创新的程度	内容
1	标准解（明确的解决方案）	使用专家熟知的方法解决 例：正常业务中的问题处理
2	小规模改善	针对现有系统的改善，一般会出现或多或少的困难。同一产业内方法的应用 例：现场的改善活动、小集团活动等
3	大规模改善（行业内思维规范带来的革新）	现有系统的本质改善 其他领域的方法的活用 例：一般的新产品开发活动等
4	新概念（跳脱行业思维定式的革新）	新一代系统的创造 例：新业务研发等 新一代新产品研发
5	发现	新的科学法则和原理的发现 例：通过发现全新的原理来创造新技术、阐明遗传基因等

TRIZ 方法一般可以应对等级 4 以下的问题，特别是对等级 3 和等级 4 的技术性问题的解决尤为有效。另外，等级 5 已经超越了技术性问题的解决范畴，步入了科学范畴，一般不能认为是 TRIZ 应对的等级（但 TRIZ 专家中也有认为可以在等级 5 的问题中使用 TRIZ 的意见。在这种情况下，将等级 5 解释为何种程度的创新度可能会出现微妙的偏差）。

③ 古典 TRIZ 各方法的概要

将 Altshuller 以自身为核心研发的“古典 TRIZ 各方法的特征”整理为图表 3-3。它是从零开始学习 TRIZ，想在实际解决技术性问题中起到作用的人应该最先学习的方法。

图表 3-3　古典 TRIZ 各方法的特征

效果（Effects）

将作为各种专业技术基础的物理学、化学及几何学的相关效果和法则整理为一种问题解决的科学性、工学性的效果集，总结为“Knowledge Based Tool”，即一种逆向方式，对技术性问题解决的创意构思十分有效。（详细参考第 2 节）

技术矛盾及其解决方法——技术矛盾矩阵表的应用

这是一种将技术性问题转换为“改善产品的某一物理特性则会出现恶化其他物理特性”这样的典型性技术矛盾问题的技巧（Altshuller 从过去的专利分析中抽出了 39 个物理特性）。具体而言，就是从通用的 39 种物理特性中选择“想要改善的属性及其最终恶化的结果”，通过将现实问题抽象为明确问题本质的方法。并且，Altshuller 也从过去庞大的专利案例的分析结果中推导出了 40 种适用于技术矛盾解决的发明原理（也称为系统对立的典型性方法）。这 40 种发明原理对 39 种物理特性之间的矛盾解决是有效的，这个对应关系整理成表即为“技术矛盾矩阵表”。（详细参考第 3 节）

物理矛盾及其解决方法——应用分离的法则

当同一参数不得不处于排他状态（自我对立）时，将其称为物理矛盾。例如，“某些参数 C 必须高但同时又必须低”等。物理矛盾存在于技术矛盾（对应技术矛盾矩阵表）背后。要在不妥协的情况下解决物理性矛盾，使用“分离原理”是十分有效的，基于从多种观点分离的原则，实现解决物理性矛盾的目标。已知的有“空间的分离”“时间的分离”“整体和部分的分离”“状况的分离”等。（详细参考第 3 节）

物质 – 场分析（Substance-Field Analysis）**和 76 个标准解**

所有技术系统的问题，都可以从在某个 Field（场）内 Substance（物质）之间发生相互作用的角度，用“Su-Field 三角模型”来表示。通过创建这种模型，可以明确有益作用的不充分程度和有害作用的发生，因此成为问题解决的重要分析工具。另外，从 Su-Field 模型的角度展示了解决问题方向的 76 种“标准解”。为了引入实际的解决方案，首先选择最合适的标准解，再通过类比思维从标准解构思对解决现实问题有效的创意。（详细参考第 4 节）

技术系统进化的模式

通过分析庞大数量的技术专利，发现貌似随机的技术进化实际上有其规律性，不是随个人发明而变化，而是存在普遍性。已知的进化模式有 10 个以上。（详细参考第 5 节）

ARIZ

它在俄语中的意思是解决问题的算法，是指能够精准地分析和掌握要解决问题的本质（物理矛盾和对立点），引出创新性解决方案的“思考流程”。标准解决的技术（40 个发明原理和 76 个标准解）很难应用在解决复杂技术系统的问题解决中。（详细参考第 6 节）

另外，通过图像化梳理基于古典 TRIZ 各方法的特征，图表 3-4 介绍了形成体系化的古典 TRIZ 的整体构造。

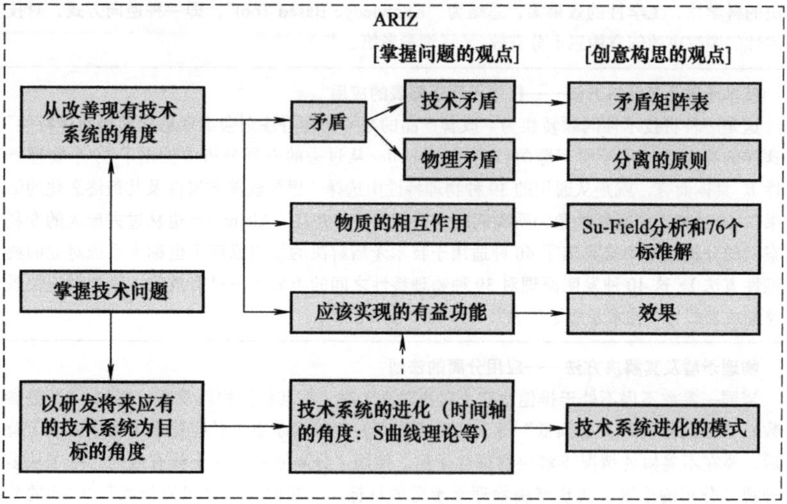

图表 3-4　古典 TRIZ 的整体构造

3.2　效应集

为了解决技术性问题（特别是产品研发和改善等），创造力（构思崭新的创意的能力）是必不可少的，因此要求技术人员是时常保持创造性的人，根据相应问题组成项目小组，集结多位技术人员的能力。

在这种情况下，利用头脑风暴法打破固有观念更为普遍，但仅靠这个方法很难在本质上打破固有观念。究其原因，技术人员会在无意识的情况下局限于自己的专业技术，即使能在项目中聚集多个技术人员的能力，也无法改变共享同一行业专业领域的团队。如果是汽车厂商，他们则会始终在这一范畴内进行创意，我们无法期待他们能联想出与其他行业（如化学厂商等）有关的创意。

也就是说，大部分的技术人员不管怎么使用头脑风暴，都不能摆脱自己的专业领域，TRIZ 将此称为“心理惰性”（见图表 3-5）。若想打破这种状态，只需要个别技术人员具备跨行业的丰富经验知识即可，但这绝非易事。

于是，Altshuller 为了打破这种现状，跨界收集了众多专利案例进行共通化，抽出能够应用的“科学效应”（特别是以物理学为中心的与化学和几何学相关的代表性定理、法则）作为打破这种状况的手段，如果将其与构思创意相关联，就可以有效地创造出超越行业边界的可靠性高的创意。这也是研发效应集的出发点。

也就是说，Altshuller 将“物理学、化学和几何学（还包含少量的生物学）相关的效应、法则总结为一种解决技术性问题的科学的、经济的效应集”，以防止人们在解决问题时陷入心理惰性。图表 3-6 所示为针对创意构思的心理学研究和专利分析研究的比较。图表 3-7 所示为应用效应集解决技术课题的流程。

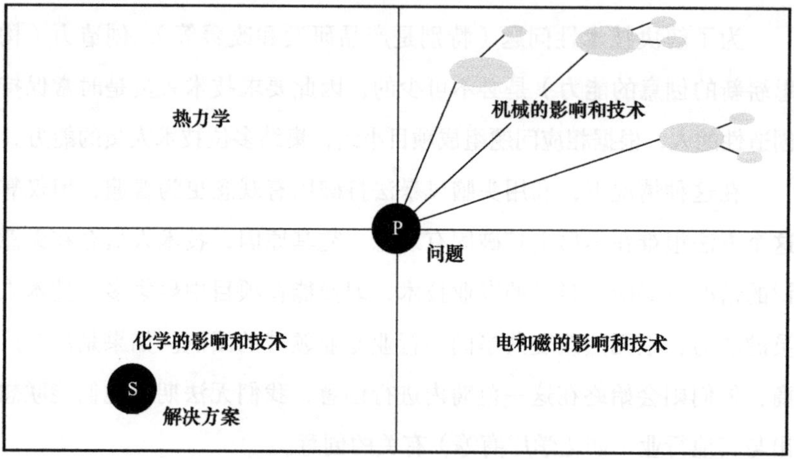

图表 3-5 解决方案的空间模型

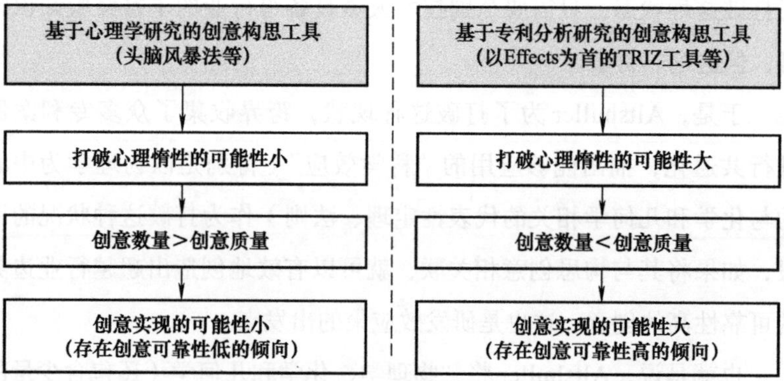

图表 3-6 针对创意构思的心理学研究和专利分析研究的比较

图表 3-7　应用效应集解决技术课题的流程

［案例学习 1］

掌握现有的课题

某电气部件在加工工序中长时间使用制造机械夹具（如由铝构成）就会堆积某种附着物（如钛），因此经过一段时间后必须去除堆积的附着物。那么用什么方法去除比较好呢？

↓

需要的功能

无论如何，只要将附着在工装上的附着物去除即可，所以尝试将必须实现的功能定义为“破坏物体（附着物）”。

↓

对实现功能有效的物理效应

对实现所定义的功能有效的物理效应如下：

- 放电效应、共鸣、超声波、气蚀；
- 利用电产生的水力冲击、激光等。

↓

利用物理效应的创意构思

选择各物理效应中有实现可能性的效应（Effects），探讨这个效应在实际问题解决时如何应用，并构思创意。

↓

出现目前没有有效创意的情况

↓

针对使用各个物理效应的实际案例通过类比思考的方法进行创意构思

“TRIZ软件”中将利用各物理效应（其他还有化学效应、几何学效应）的实际案例的应用导入了数据库，因此参考这样的案例，就能构思出对实际课题有用的创意。

↓

利用“气蚀”效应的案例

气蚀的气泡爆裂，会喷出小的高能量喷气。使用这个可以将石油和涂料分解成细小粒子。如果有肥皂和洗涤剂，就会显著促进这个效应。超声波也可以促使气蚀发生。

并且，在效应的具体应用方法中最常见的是，明确在自己所持有的技术课题中找到应实现的功能（如“分离液体或气体”等），在效应集中选择对实现功能有效的效应和定理，参考其效应和定理创造对解决实际技术课题有效的创意。

以效应为主，Altshuller研发TRIZ方法的背景是，对在创意构思中通常被应用的心理学方法（头脑风暴法等）的不信任感。

这是因为在以头脑风暴法为主的“心理学研究方法”构思创意出的创造物本身的可靠性较低，但从TRIZ中构思出的创意其内容本身的综合可靠性还是比较高的。

下面通过简单的案例来梳理一下应用效应解决技术课题的过程。

在效应中，特别是为了寻求创新性解决方案而经常使用的“代表性物理效应（Physical Effects）”，将应实现的功能集结成30，整理得出了“功能达成的效应（效果）反推表”（见图表3-8）。

图表3-8 功能达成的效应（效果）反推表

应实现的功能	对需求功能实现有效的物理效应
1．测量温度	•热膨胀和振动的自然频率上的影响程度 •热（温度）- 电现象 •放射光谱 •光、电，或磁性物质的特性变化 •超过聚乙基点的变化 •波普金、塞贝克效应
4．保持一定温度	相位变化（包含超过居里点的变化）
8．使气溶胶（烟雾）移动	•电气化 •适用电场和磁场 •光的压力

（续）

应实现的功能	对需求功能实现有效的物理效应
14．破坏物体	•放电 •电气水力冲击 •共鸣 •超声波 •气蚀 •激光
30．引起化学反应并强化	•超声波 •气蚀 •紫外线 •X 射线 •放射能的放射 •放电 •冲击波

从图表 3-8 的流程可知，效应最有效的应用方法是在明确定义须实现的功能基础上，选择对功能实现有益的效应，探讨使用此效应的具体创意。当然，如果可以知道所选效应的应用案例，那么创意会更佳有效。下面是利用效应的技术问题解决流程，如图表 3-9 所示。

另外，所选效应的适用案例从视觉上在瞬间就可以确认，对于这个维度而言，“TRIZ 软件”是非常出色的。

但是，也有一种意见认为优秀（创造性）的技术人员本来就通过效应思维来思考崭新的创意的，也有一种说法是，从“知识数据库”这个概念来看，效应这样的方法在 TRIZ 诞生之前就存在了。

但是，Altshuller 开发了效应，特别是图表 3-8 所介绍的“功能达成的效应（效果）反推表”是事实，所以笔者和众多的 TRIZ 专家一致认为“效应是古典 TRIZ 的代表性方法之一”。

图表 3-9　利用效应的技术问题解决流程

［案例学习 2］

掌握现实课题

农户在农作物收获期收割的大米作为加工成精米的前道工序，需要调节大米的含水量。原因是为了确保食物的味道，提供美味的大米。

使用“烘干机”作为调节大米水分的手段。

特别是小规模农户（以家族为核心从事种稻作的农户），多使用“小型循环式烘干机”作为烘干大米的机器，这个机器为了达到烘干效果使用了燃烧炉，因而烘干机在运行时会产生噪声，可能会引起周围居民的投诉。

小规模农户多分布在居民区周围地带，因此防范噪声必不可少。

需要的功能

总之，希望通过降低燃烧炉的声音规避可能给周边带来噪声的问题，所以将必须实现的功能定义为“降低产生的声音（附着物）”。

大米烘干机：现有设计

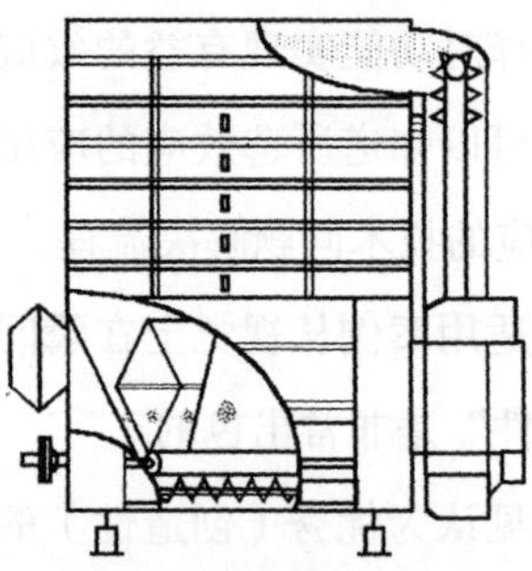

尝试探讨可以实现功能的有效效应（已有知识）

对于实现定义功能的有效效应大致有以下方法：超声波、反射和折射、吸声等。

思考从各个效应中联想到的现象

各个效应的具体现象：

• 超声波

把声音的频率改到高频，达到动物能感受到但人耳无法感知的范围。

• 反射和折射

反射声音，如从空气垂直入射入水中，一部分在水中形成反射。再稍微倾斜入射，就会产生折射。当入射角度大于13°时，会出现完全反射。

空气中声音的速度（15℃）：340m/s

水中声音的速度（15℃）：1500m/s

混凝土中声音的速度（15℃）：4200~5250m/s

• 吸声（反射和折射相关）

积雪的早晨会感到世界变得非常安静。这是因为雪发挥了吸声材料的作用，实现了寂静的世界。雪对于频率在600Hz以上的声音吸声率很高，为80%~95%。

（案例）

尝试利用"雪对于频率在600Hz以上的声音吸声率很高，为80%~95%"这一关键词，将这些吸声率高的事物进行类比联想。

例如：棉、海绵、多孔胶卷、发泡材料、波形材料、玻璃棉等。

通过参考各个效应的现象来进行类比思考。

（一个提案）

为了降低燃烧炉的声音，采用羊毛作为吸声率高的物质。用玻璃棉包裹组成燃烧炉本体的板材，使玻璃棉吸收燃烧炉产生的声音，防止噪声泄露到外面。

另一个案例的内容是探讨如果对某种产品的研发使用效应，那么会形成怎样的流程？即针对使用效应的模拟实验。

3.3 解决矛盾

TRIZ 中有一种为了实现对技术系统所具有的多种矛盾不妥协的解决（即避免通过设计参数间单纯的折中选择来解决）方法，一种是“某技术系统的 2 个参数间产生的技术矛盾（Technical Contradiction）”，另一种是“某技术系统中 1 个参数出现相反情况的物理矛盾（Physical Contradiction）”。

1. 技术矛盾及其解决方法

① 技术矛盾的定义

TRIZ 在掌握技术性问题的观点中引入了“矛盾（Contradiction）”这个的概念，特别是“技术矛盾（Technical Contradiction）”，它是指“想改善某技术系统的参数 *A*，则造成其他参数 *B* 恶化”的状态，如图表 3-10 所示。

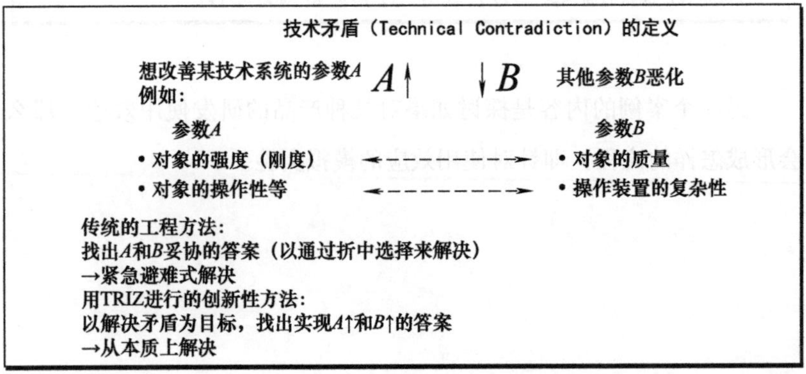

图表 3-10 技术矛盾的定义

② **技术矛盾矩阵表**

但凡遇到这种不妥协的情况，在解决技术矛盾时使用“技术矛盾矩阵表”（见图表 3-11）的情况居多。

改善的特性 \ 未被要求的结果（恶化的特性）		1 运动物体的质量	2 静止物体的质量		14 强度		38 自动化水平	39 生产性
1	运动物体的质量				28,27 18,40			
2	静止物体的质量							
	⋮							
	⋮							
38	自动化水平							
39	生产性							

- 由横向39项和纵向39项组成，表示有可能出现的矛盾。
- 矛盾的行和列交差部分是去除矛盾的40个发明原理的参考。

提议解决方案的概要：
28 用非机械系统替代机械系统；
27 使用经济性、寿命短的物品代替高价格且耐久的物品；
18 机械振动；
40 复合型物质。

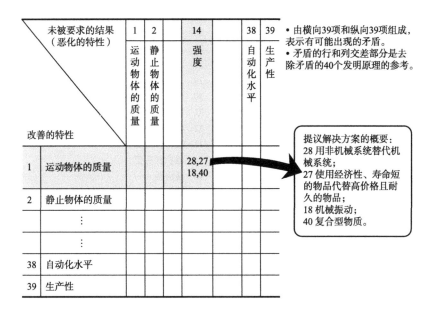

图表 3-11　技术矛盾矩阵表（部分）

Altshuller 把表现技术矛盾的参数聚拢为 39 个，并将其命名为“39 个通用物理特性”（见图表 3-12），无论是改善特性还是恶化特性都可对应 39 个特性中的一个。因此，技术矛盾矩阵表为 39 × 39 的矩阵表，一般而言，行为改善特性，列为恶化特性。在与想解决的技术矛盾相对应的特性的行和列交汇的单元格中记录着不妥协地解决这个矛盾的“发明原理”。

图表 3-12　39 个通用物理特性

1．运动物体的质量	21．动力
2．静止物体的质量	22．能量的损失
3．运动物体的长度	23．物质的损失
4．静止物体的长度	24．信息的损失
5．运动物体的面积	25．时间的损失
6．静止物体的面积	26．物质的量
7．运动物体的体积	27．可靠性
8．静止物体的体积	28．测量精度
9．速度	29．制造精度
10．力	30．作用于物体的有害因素
11．张力 / 压力	31．副作用
12．形状	32．制作简便度
13．物体的稳定性	33．操作容易度
14．强度	34．维护容易度
15．运动物体运动的持续性	35．适应性
16．静止物体运动的持续性	36．装置复杂度
17．温度	37．控制复杂度
18．光照度	38．自动化水平
19．运动物体的能量	39．生产性
20．静止物体的能量	

这个发明原理是由 Altshuller 发现并整理的，合计 40 个原理，通常称为“克服系统对立的 40 个原理（40 个发明原理）”（见图表 3-13）。

图表 3-13　克服系统对立的 40 个原理（40 个发明原理）

1．分割 / 细分化	8．重量补偿
2．分离、抽取	9．预先反作用
3．局部质量	10．预先作用
4．增加不对称性	11．事先防范
5．组合、合并	12．等势
6．多元性	13．反作用
7．嵌套构造	14．曲面化 / 曲率增加

（续）

15. 动态特性	28. 机械系统替代
16. 未达到或过度作用	29. 使用气压和液压结构
17. 一维变多维	30. 柔性壳体或薄膜
18. 机械振动	31. 使用多孔材料
19. 周期性动作	32. 改变颜色：拟态
20. 有效作用的连续性	33. 同质性
21. 减少有害作用的时间	34. 抛弃与再生
22. 变害为利 / 转灾为福	35. 物理或化学参数变化
23. 反馈	36. 相变
24. 借助中介物	37. 热膨胀
25. 自助服务	38. 加速氧化
26. 复制	39. 惰性环境
27. 廉价替代品	40. 复合材料

因此，按照单元格中编号的优先顺序，结合所对应的发明原理进行具体的构思创意，就很可能找到无须妥协的解决方案。

Altshuller 从 1960 年到 1970 年研发了这种划时代的技术矛盾矩阵表，具体调查了世界上约 400000 份专利数据，更是锁定了其中技术性解决创新度较高的约 40000 份专利，相关内容是在其详细调研的过程中研发出来的。

当然，不是从最初就研发出了现在的版本，而是在经历了几次试行错误后，最终在 1971 年完成了现在版本的技术矛盾矩阵表（参照图表 3-14）。

如今，技术矛盾矩阵表作为古典 TRIZ 的代表性方法之一被广泛知道，使用技术矛盾矩阵表解决问题的案例也在互联网等媒体上被广泛介绍。

并且，进入 1990 年后，这张表被融入到了 TRIZ 软件中，以提升使用的便利性。

图表 3-14 技术

		劣化（对立）																
	改善特性	1 运动物体的质量	2 静止物体的质量	3 运动物体的长度	4 静止物体的长度	5 运动物体的面积	6 静止物体的面积	7 运动物体的体积	8 静止物体的体积	9 速度	10 力	11 张力/压力	12 形状	13 物体的稳定性	14 强度	15 运动物体的持续性	16 静止物体的持续性	17 温度
1	运动物体的质量			15, 8, 29, 34		29,17, 38, 34		29, 2, 40, 28		2, 8, 15, 38	8, 10, 18, 37	10, 36, 37, 40	10, 14 35, 40	1, 35, 19, 39	28, 27, 18, 40	5, 34, 31, 35		6, 29, 4, 38
2	静止物体的质量				10, 1, 29, 35		35, 30, 13, 2		5, 35, 14, 2		8, 10, 19, 35	13, 29, 10, 18	13, 10, 29, 14	26, 39, 1, 40	28, 2, 10, 27		2, 27, 19, 6	28, 19, 32, 22
3	运动物体的长度	8, 15, 29, 34				15, 17 4		7, 17, 4, 35		13, 4, 8	17, 10, 4	1, 8, 35	1, 8, 10, 29	1, 8, 15, 34	8, 35, 29, 34	19		10, 15, 19
4	静止物体的长度		35,28, 40, 29				17, 7, 10, 40		35, 8, 2, 14		28, 10	1, 14, 35	13, 14, 15, 7	39, 37, 35	15, 14, 28, 26		1, 40, 35	3, 35, 38, 18
5	运动物体的面积	2, 17, 29, 4		14, 15, 18,4				7, 14, 17, 4		29, 30, 4, 34	19, 30, 35, 2	10,15, 36, 28	5, 34 29, 4	11, 2, 13, 39	3, 15, 40, 14	6, 3		2, 15, 16
6	静止物体的面积		30, 2, 14, 18		26, 7, 9, 39						1, 18, 35, 36	10, 15, 36, 37		2, 38	40		2, 10, 19, 30	35, 39, 38
7	运动物体的体积	2, 26, 29, 40		1, 7, 35, 4		1, 7, 4, 17				29, 4, 38, 34	15, 35, 36, 37	6, 35, 36, 37	1, 15, 29, 4	28, 10, 1, 39	9, 14, 15, 7	6, 35, 4		34, 39, 10, 18
8	静止物体的体积		35,10, 19, 14	19, 14	35,8, 2, 14						2, 18, 37	24, 35	7, 2, 35	34, 28, 35 ,40	9, 14, 17, 15		35, 34, 38	35, 6, 4
9	速度	2, 28, 13, 38		13, 14 8		29, 30, 34		7, 29, 34			13, 28 15, 19	6, 18, 38, 40	35, 15, 18, 34	28, 33, 1, 18	8, 3, 26,14	3, 19, 35, 5		28, 30, 36, 2
10	力	8, 1, 37, 18	18, 13, 1, 28	17, 19, 9, 36	28, 10	19, 10 15	1, 18, 36, 37	15, 9, 12, 37,	2, 36, 18, 37	13, 28, 15, 12		18, 21, 11	10, 35, 40, 34	35, 10, 21	35, 10, 14, 27	19, 2		35, 10, 21
11	张力/压力	10, 36, 37, 40	13, 29, 10, 18	35, 10, 36	35, 1, 14, 16	10, 15, 36, 25	10, 15, 36, 37	6, 35, 10	35, 24	6, 35, 36	36, 35, 21		35, 4, 15, 10	35, 33, 2, 40	9, 18, 3, 40	19, 3, 27		35, 39, 19, 2
12	形状	8, 10, 29, 40	15,10, 26, 3	29, 34 5, 4	13, 14, 10, 7	5, 34, 4, 10		14, 4, 15, 22	7, 2, 35	35, 15, 34, 18	35, 10, 37, 40	34, 15, 10, 14		33, 1, 18, 4	30, 14, 10, 40	14, 26, 9, 25		22, 14, 19, 32
13	物体的稳定性	21, 35, 2, 39	26, 39, 1, 40	13, 15, 1, 28	37	2, 11, 13	39	18, 10, 19, 39	34, 28, 35, 40	33, 15, 28, 18	10, 35, 21, 16	2, 34, 40	22, 1, 18, 4		17, 9, 15	13, 27, 10 , 35	39, 3, 35, 23	35, 1, 32
14	强度	1, 8, 40, 15	40, 26, 27, 1	1, 15, 8, 35	15,14, 28,26	3, 34, 40, 29	9, 40, 28	10, 15, 14, 7	9, 14 17, 15	8, 13 26, 14	10, 18, 3, 14	10, 3, 18, 40	10, 30, 35, 40	13, 17, 35		27, 3, 26		30, 10, 40
15	运动物体的持续性	19, 5, 34, 31		2, 19, 9		3, 17 19		10, 2, 19, 30		3, 35, 5	19, 2, 16	19, 3, 27	14, 26, 28, 25	13, 3, 35	27, 3 10			19, 35, 39
16	静止物体的持续性		6, 27, 19, 16		1, 40, 35				35, 34, 38					39, 3, 35, 23				19, 18, 36, 40
17	温度	36, 22, 6, 38	22, 35, 32	15, 19 9	15, 19 9	3, 35, 39, 18	35, 38	34, 39, 40, 18	35, 6, 4	2, 28, 36, 30	35, 10, 3, 21	35, 39 19, 2	14, 22, 19, 32	1, 35, 32	10, 30, 22, 40	19, 13 39	19, 18 36, 40	
18	光照度	19, 1, 32	2, 35, 32	19, 32, 16		19, 32, 26		2, 13, 10		10, 13, 19	26, 19, 6		32, 30	32, 3, 27	35, 19	2, 19, 6		32, 35, 19
19	运动物体的能量	12, 18, 28, 31		12, 28		15, 19, 25		35, 13, 18		8, 15, 35	16, 26, 21, 2	23, 14, 25	12, 2, 29	19, 13, 17, 24	5, 19, 9, 35	28, 35, 6, 18		19, 24, 3, 14
20	静止物体的能量		19, 9, 6, 27								36, 37			27, 4, 29, 18	35			
21	动力	8, 36, 38, 31	19, 26 17, 27	1, 10, 35, 37		19, 38	17, 32, 13, 38	35, 6, 38	30, 6, 25	15, 35, 2	26, 2 36, 35	22, 10, 35	29, 14, 2, 40	35, 32 15, 31	26, 10, 28	19, 35, 10, 38	16	2, 14, 17, 25
22	能量的损失	15, 6, 19, 28	19, 6, 18, 9	7, 2, 6, 13	6, 38, 7	15, 26, 17, 30	17, 7, 30, 18	7, 18, 23	7	16, 35, 38	36, 38			14, 2 39, 6	26			19, 38, 7
23	物质的损失	35, 6, 23, 40	35, 6, 22, 32	14, 29, 10, 39	10, 28, 24	35, 2, 10, 31	10, 18, 39, 31	1, 29, 30, 36	3, 39, 18, 31	10, 13, 28, 38	14, 15, 18, 40	3, 36, 37, 10	29, 35, 3, 5	2, 14, 30, 40	35, 28, 31, 40	28, 27, 3, 18	27, 16, 18, 38	21, 36, 39, 31
24	信息的损失	10, 24, 35	10, 35, 5	1, 26	26	30, 26	30, 16		2, 22	26, 32						10	10	
25	时间的损失	10, 20, 37, 35	10, 20, 26, 5	15, 2, 29	30, 24, 14, 5	26, 4, 5, 16	10, 35, 17, 4	2, 5, 34, 10	35, 16, 32, 18		10, 37, 36, 5	37, 36, 4	4, 10, 34, 17	35, 3, 22, 5	29, 3, 28, 18	20, 10, 28, 18	28, 20, 10, 16	35, 29, 21, 18
26	物质的量	35, 6, 18, 31	27, 26, 18, 35	29, 14, 35, 18		15, 14, 29	2, 18, 40, 4	15, 20, 29		35, 29, 34, 28	35, 14, 3	10, 36 14, 3	35, 14	15, 2 17, 40	14, 35, 34, 10	3, 35, 10, 40	3, 35, 31	3, 17, 39
27	可靠性	3, 8, 10, 40	3, 10, 8, 28	15, 9, 14, 4	15, 29, 28, 11	17, 10, 14, 16	32, 35, 40, 4	3, 10, 14, 24	2, 35, 24	21, 35, 11, 28	8, 28, 10, 3	10, 24, 35, 19	35, 1, 16, 11		11, 28	2, 35, 3, 25	34, 27 6, 40	3, 35, 10
28	测量精度	32, 35, 26, 28	28, 35, 25, 26	28, 26 5, 16	32, 28, 3, 16	26, 28, 32, 2	26, 28, 32, 3	32, 13, 6		28, 13, 32, 24	32, 2	6, 28, 32	6, 28 32	32, 35, 13	28, 6, 32	28, 6, 32	10, 26, 24	6, 19, 28, 24
29	制造精度	28, 32, 13, 18	28, 35, 27, 9	10, 28, 29, 37	2, 32, 10	28, 33, 29, 32	2, 29, 18, 36	32, 28, 2	25, 10, 35	10, 28, 32	28, 19, 34, 36	3, 35	32, 30, 40	30, 18	3, 27	3, 27, 40		19, 26
30	作用于物体的有害因素	22, 21, 27, 39	2, 22, 13, 24	17, 1, 39, 4	1, 18	22, 1, 33, 28	27, 2, 39, 35	22, 23, 37, 35	34, 39, 19, 27	21, 22 35, 28	13, 35, 39, 18	22, 2, 37	22, 1, 3, 35	35, 24, 30, 18	18, 35, 37, 1	22, 15, 33, 28	17, 1, 40, 33	22, 33, 35, 2
31	副作用	19, 22, 15, 39	35, 22, 1, 39	17, 15, 16, 22		17, 2, 18, 39	22, 1 40	17, 2, 40	30, 18, 35, 4	35, 28, 3, 23	35, 28, 1, 40	2, 33, 27, 18	35, 1	35, 40, 27, 39	15, 35, 22, 2	15, 22, 33, 31	21, 39, 16, 22	22, 35, 2, 24
32	制作简便度	28, 29, 15, 16	1, 27, 36, 13	1, 29 13, 17	15, 17, 27	13, 1, 26, 12	16, 40	13, 29, 1, 40	35	35, 13, 8, 1	35, 12	35, 19, 1, 37	1, 28, 13, 27	11, 13, 1	1, 3, 10, 32	27, 1, 4	35, 16	27, 26, 18
33	操作容易度	25, 2, 13, 15	6, 13, 1, 25	1, 17, 13, 12		1, 17, 13, 16	18, 16, 15, 39	1, 16, 35, 15	4, 18, 39, 31	18, 13, 34	28, 13, 35	2, 32, 12	15, 34, 29, 28	32, 35, 30	32, 40, 3, 28	29, 3, 8, 25	1, 16, 25	26, 27, 13
34	维护容易度	2, 27, 35, 11	2, 27, 35, 11	1, 28, 10, 25	3, 18, 31	15, 13, 32	16, 25	25, 2, 35, 11	1	34, 9	1, 11, 10	13	1, 13, 2, 4	2, 35	11, 1 2, 9	11, 29, 28, 27	1	4, 10
35	适应性	1, 6, 15, 8	19, 15, 29, 16	35, 1, 29, 2	1, 35 16	35, 30, 29, 7	15, 16	15, 35, 29		35, 10, 14	15, 17, 20	35, 16	15, 37, 1, 8	35, 30, 14	35, 3, 32, 6	13, 1, 35	2, 16	27, 2, 3, 35
36	装置复杂度	26, 30, 34 ,36	2, 26, 35, 39	1, 19, 26, 24	26	14, 1, 13, 16	6, 36	34, 26, 6	1, 16	34, 10, 28	26, 16	19, 1, 35	29, 13, 28, 15	2, 22, 17, 19	2, 13, 28	10, 4, 28, 15		2, 17, 13
37	控制复杂度	27, 26, 28, 13	6, 13, 28, 1	16, 17, 26, 24	26	2, 13, 18, 17	2, 39, 30, 16	29, 1, 4, 16	2, 18, 26, 31	3, 4, 16, 35	36, 28, 40, 19	35, 36, 37, 32	27, 13, 1, 39	11, 22, 39, 30	27, 3, 15, 28	19, 29 25, 39	25, 24, 6, 35	3, 27, 35, 16
38	自动化水平	28, 26, 18, 35	28, 26, 35, 10	14, 13, 17, 28	23	17, 14, 13		35, 13, 16		28, 10	2, 35	13, 35	15, 32, 1, 13	18, 1	25, 13	6, 9		26, 2, 19
39	生产性	35, 26, 24, 37	28, 27, 15, 3	18, 4, 28, 38	30, 7, 14, 26	10, 26, 34, 31	10, 35, 17, 7	2, 6, 34, 10	35, 37, 10, 2		28, 15, 10 ,36	10, 37, 14	14, 10, 34, 40	35, 3, 22, 39	29, 28, 10, 18	35, 10, 2, 18	20 ,10, 16, 38	35, 21, 28, 10

矛盾矩阵表

特性																					
18	19	20	21	22	23	24	25	26	27	28	29	30	31	32	33	34	35	36	37	38	39
光照度	运动物体的能量	静止物体的能量	动力	能量的损失	物质的损失	信息的损失	时间的损失	物质的量	可靠性	测量精度	制造精度	作用于物体的有害因素	副作用	制作简便度	操作容易度	维护容易度	适应性	装置复杂度	控制复杂度	自动化水平	生产性
19, 1, 32	35, 12, 34, 31		12, 36, 18, 31	6, 2, 34, 19	5, 35, 3, 31	10, 24, 35	10, 35, 20, 28	3, 26, 18, 31	3, 11, 1, 27	28, 27, 35, 26	28, 35, 26, 18	22, 21, 18, 27	22, 35, 31, 39	27, 28, 1, 36	35, 3, 2, 24	2, 27, 28, 11	29, 5, 15, 8	26, 30, 36, 34	28, 29, 26, 32	26, 35, 18, 19	35, 3, 24, 37
35, 19, 32,		18, 19, 28, 1	15, 19, 18, 22	18, 19, 28, 15	5, 8, 13, 30	10, 15, 35	10, 20, 35, 26	19, 6, 18, 26	10, 28, 8, 3	18, 26, 28	10, 1, 35, 17	2, 19, 22, 37	35, 22, 1, 39	28, 1, 9	6, 13, 1, 32	2, 27, 28, 11	19, 15, 29	1, 10, 26, 39	25, 28, 17, 15	2, 26, 35	1, 28, 15, 35
32	8, 35, 24		1, 35	7, 2, 35, 39	4, 29, 23, 10	1, 24	15, 2, 29	29, 35	10, 14, 29, 40	28, 32, 4	10, 28, 29, 37	1, 15, 17, 24	17, 15	1, 29, 17	15, 29, 35, 4	1, 28, 10	14, 15, 1, 16	1, 19, 26, 24	35, 1, 26, 24	17, 24, 26, 16	14, 4, 28, 29
3, 25			12, 8	6, 28	10, 28, 24, 35	24, 26	30, 29, 14		15, 29, 28	32, 28, 3	2, 32, 10	1, 18		15, 17, 27	2, 25	3	1, 35	1, 26	26		30, 14, 7, 26
15, 32, 19, 13	19, 32		19, 10, 32, 18	15, 17, 30, 26	10, 35, 2, 39	30, 26	26, 4	29, 30, 6, 13	29, 9	26, 28, 32, 3	2, 32	22, 33, 28, 1	17, 2, 18, 39	13, 1, 26, 24	15, 17, 13, 16	15, 13, 10, 1	15, 30	14, 1, 13	2, 36, 26, 18	14, 30, 28, 23	10, 26, 34, 2
			17, 32	17, 7, 30	10, 14, 18, 39	30, 16	10, 35, 4, 18	2, 18, 40, 4	32, 35, 40, 4	26, 28, 32, 3	2, 29, 18, 36	27, 2, 39, 35	22, 1, 40	40, 16	16, 4	16	15, 16	1, 18, 36	2, 35, 30, 18	23	10, 15, 17, 7
10, 13, 2	35		35, 6, 13, 18	7, 15, 13, 16	36, 39, 34, 10	2, 22	2, 6, 34, 10	29, 30, 7	14, 1, 40, 11	25, 26, 28	25, 28, 2, 16	22, 21, 27, 35	17, 2, 40, 1	29, 1, 40	15, 13, 30, 12	10	15, 29	26, 1	29, 26, 4	35, 34, 16, 24	10, 6, 2, 34
			30, 6		10, 39, 35, 34		35, 16, 32, 18	35, 3	2, 35, 16		35, 10, 25	34, 39, 19, 27	30, 18, 35, 4	35		1		1, 31	2, 17, 26		35, 37, 10, 2
10, 13, 19	8, 15, 35, 38		19, 35, 38, 2	14, 20, 19, 35	10, 13, 28, 38	13, 26		10, 19, 29, 38	11, 35, 27, 28	28, 32, 1, 24	10, 28, 32, 25	1, 28, 35, 23	2, 24, 35, 21	35, 13, 8, 1	32, 28, 13, 12	34, 2, 28, 27	15, 10, 26	10, 28, 4, 34	3, 34, 27, 16	10, 18	
	19, 17, 10	1, 16, 36, 37	19, 35, 18, 37	14, 15	8, 35, 40, 5		10, 37, 36	14, 29, 18, 36	3, 35, 13, 21	35, 10, 23, 24	28, 29, 37, 36	1, 35, 40, 18	13, 3, 36, 24	15, 37, 18, 1	1, 28, 3, 25	15, 1, 11	15, 17, 18, 20	26, 35, 10, 18	36, 37, 10, 19	2, 35	3, 28, 35, 37
	14, 24, 10, 37		10, 35, 14	2, 36, 25	10, 36, 3, 37		37, 36, 4	10, 14, 36	10, 13, 19, 35	6, 28, 25	3, 35	22, 2, 37	2, 33, 27, 18	1, 35, 16	11	2	35	19, 1, 35	2, 36, 37	35, 24	10, 14, 35, 37
13, 15, 32	2, 6, 34, 14		4, 6, 2	14	35, 29, 3, 5		14, 10, 34, 17	36, 22	10, 40, 16	28, 32, 1	32, 30, 40	22, 1, 2, 35	35, 1	1, 32, 17, 28	32, 15, 26	2, 13, 1	1, 15, 29	16, 29, 1, 28	15, 13, 39	15, 1, 32	17, 26, 34, 10
32, 3, 27, 15	13, 19	27, 4, 29, 18	32, 35, 27, 31	14, 2, 39, 6	2, 14, 30, 40		35, 27	15, 32, 35		13	18	35, 24, 18, 30	35, 40, 27, 39	35, 19	32, 15, 30	2, 35, 10, 16	35, 30, 34, 2	2, 35, 22, 26	35, 22, 39, 23	1, 8, 35	23, 35, 40, 3
35, 19	19, 35, 10	35	10, 26, 35, 28	35	35, 28, 31, 40		29, 3, 28, 10	29, 10, 27	11, 3	3, 27, 16	3, 27	18, 35, 37, 1	15, 35, 22, 2	11, 3, 10, 32	32, 40, 28, 2	27, 11, 3	15, 3, 32	2, 13, 28	27, 3, 15, 40	15	29, 35, 10, 14
2, 19, 4, 35	28, 6, 35, 18		19, 10, 35, 38		28, 27, 3, 18	10	20, 10, 28, 18	3, 35, 10, 40	11, 2, 13	3	3, 27, 16, 40	22, 15, 33, 28	21, 39, 16, 22	27, 1, 4	12, 27	29, 10, 27	1, 35, 13	10, 4, 29, 15	19, 29, 39, 35	6, 10	35, 17, 14, 19
			16		27, 16, 18, 38	10	28, 20, 10, 16	3, 35, 31	34, 27, 6, 40	10, 26, 24		17, 1, 40, 33	22	35, 10	1	1	2		25, 34, 6, 35	1	20, 10, 16, 38
32, 30, 21, 16	19, 15, 3, 17		2, 14, 17, 25	21, 17, 35, 38	21, 36, 29, 31		35, 28, 21, 18	3, 17, 30, 39	19, 35, 3, 10	32, 19, 24	24	22, 33, 35, 2	22, 35, 2, 24	26, 27	26, 27	4, 10, 16	2, 18, 27	2, 18, 16	3, 27, 35, 31	26, 2, 19, 16	15, 28, 35
	32, 1, 19	32, 35, 1, 15	32	19, 16, 1, 6	13, 1	1, 6	19, 1, 26, 17	1, 19		11, 15, 32	3, 32	15, 19	35, 19, 32, 39	19, 35, 28, 26	28, 26, 19	15, 17, 13, 16	15, 1, 1, 19	6, 32, 13	32, 15	2, 26, 10	2, 25, 16
2, 15, 19			6, 19, 37, 18	12, 22, 15, 24	35, 24, 18, 5		35, 38, 19, 18	34, 23, 16, 18	19, 21, 11, 27	3, 1, 32		1, 35, 6, 27	2, 35, 6	28, 26, 30	19, 35	1, 15, 17, 28	15, 17, 13, 16	2, 29, 27, 28	35, 38	32, 2	12, 28, 35
19, 2 35, 32					28, 27, 18 31			3, 35, 31	10, 36, 23			10, 2, 22, 37	19, 22, 18	1, 4					19, 35, 16, 25		1, 6
16, 6, 19	16, 6, 19, 37			10, 35, 38	28, 27, 18 38	10, 19	35, 20, 10, 6	4, 34, 19	19, 34, 26, 31	32, 15, 2	32, 2	19, 22, 31, 2	2, 35, 18	26, 10, 34	26, 35, 10	35, 2, 10, 34	19, 17, 34	20, 19, 30, 34	19, 35, 16	28, 2, 17	28, 35, 34
1, 13, 32, 15			3, 38		35, 27, 2, 37	9, 10	10, 18, 32, 7	7, 18, 25	11, 10, 35	32		21, 22 35, 2	21, 35, 2, 22		35, 22, 1	2, 19		7, 23	35, 3, 15, 23	2	28, 10, 29, 35
1, 6, 13	35, 18, 24, 5	28, 27, 12, 31	28, 27, 18, 38	35, 27, 2, 31			15, 18, 35, 10	6, 3, 10, 24	10, 29, 39, 35	16, 34, 31, 28	35, 10, 24, 31	33, 22, 30, 40	10, 1, 34, 29	15, 34, 33	32, 28, 2, 24	2, 35, 34, 27	15, 10, 2	35, 10, 28, 24	35, 18, 10, 13	35, 10, 18	28, 35, 10, 23
19			10, 19	19, 10			24, 26, 28, 32	24, 28, 35	10, 28, 23			22, 10, 1	10, 21, 22	32	27, 22				35, 33	35	13, 23, 15
1, 19, 26, 17	35, 38, 19, 18	1	35, 20, 10, 6	10, 5, 18, 32	35, 18, 10, 39	24, 26, 28, 32		35, 38, 18, 16	10, 30, 4	24, 34, 28, 32	24, 26, 28, 18	35, 18, 34	35, 22, 18, 39	35, 28, 34, 4	4, 28, 10, 34	32, 1, 10	35, 28	6, 29	18, 28, 32, 10	24, 28, 35, 30	
	34, 29, 16, 18	3, 35, 31	35	7, 18, 25	6, 3 10, 24	24, 28, 35	35, 38, 18, 16		18, 3, 28, 40	3, 2, 28	33, 30	35, 38, 29, 31	3, 35, 40, 39	29, 1, 35, 27	35, 29 10, 25	2, 32, 10, 25	15, 3, 29	3, 13, 27, 10	3, 27, 29, 18	8, 35	13, 29, 3, 27
11, 32, 13	21, 11, 27, 19	36, 23	21, 11, 26, 31	10, 11, 35	10, 35, 29, 39	10, 28	10, 30, 4	21, 28, 40, 3		32, 3, 11, 23	11, 32, 1	27, 35, 2, 40	35, 2, 40, 26		27, 17, 40	1, 1	13, 35, 8, 24	13, 35, 1	27, 40, 28	11, 13, 27	1, 35, 29, 38
6, 1, 32	3, 6, 32		3, 6, 32	26, 32, 27	10, 16, 31, 28		24, 34, 28, 32	2, 6, 32	5, 11 1, 23			28, 24, 22, 26	3, 33 39, 10	6, 35, 25, 18	1, 13, 17, 34	1, 32, 13, 11	13, 35, 2	27, 35, 10, 34	26, 24, 32, 28	28, 2, 10, 34	10, 34, 28, 32
3, 32	32, 2		32, 2	13, 32, 2	35, 31, 10, 24		32, 26, 28, 18	32, 30	11, 32, 1			26, 28, 10, 36	4, 17, 34, 26		1, 32, 35, 23	25, 10		26, 2, 18		26, 28, 18, 23	10, 18, 32, 39
1, 19, 32, 13	1, 24, 6, 27	10, 2, 22, 37	19, 22, 31, 2	21, 22 35, 2	33, 22, 19, 40	22, 10, 2	35, 18 34	35, 33 29, 31	27, 24, 2, 40	28, 33, 23, 26	26, 28, 10, 18			24, 35, 2	2, 25, 28, 39	35, 10, 2	35, 11, 22, 31	22, 19, 29, 40	22, 19, 29, 40	33, 3, 34	22, 35 13, 24
19, 24, 39, 32	2, 35, 6	19, 22, 18	2, 35, 18	21, 35, 2, 22	10, 1, 34	10, 21, 29	1, 22	3, 24, 39, 1	24, 2, 40, 39	3, 33, 26	4, 17, 34, 26							19, 1 31	2, 21, 27, 1	2	22, 35, 18, 39
28, 24, 27, 1	28, 26, 27, 1	1, 4	27, 1 12, 24	19, 35	15, 34, 33	32, 24, 18, 16	35, 28, 34, 4	35, 23, 1, 24		1, 35, 12, 18		24, 2			2, 5, 13, 16	35, 1, 11, 9	2, 13, 15	27, 26, 1	6, 28, 11, 1	8, 28, 1	35, 1, 10, 28
13, 17, 1, 24	1, 13, 24		35, 34, 2, 10	2, 19, 13	28, 32, 2, 24	4, 10, 27, 22	4, 28, 10, 34	12, 35	17, 27, 8, 40	25, 13, 2, 34	1, 32, 35, 23	2, 25, 28, 39		2, 5, 12		12, 26, 1, 32	15, 34, 1, 16	32, 25, 12, 17		1, 34, 12, 3	15, 1, 28
15, 1 13	15, 1, 28, 16		15, 10, 32, 2	15, 1, 32, 19	2, 35, 34, 27		32, 1, 10, 25	2, 28, 10, 25	11, 10, 1, 16	10, 2, 13	25, 10	35, 10, 2, 16		1, 35, 11, 10	1, 12, 26, 15		7, 1, 4, 16	35, 1, 13, 11		34, 35, 7, 13	1, 32, 10
6, 22 26, 1	19, 35, 29, 13		19, 1, 29	18, 15, 1	15, 10, 2, 13		35, 28	3, 35, 15	35, 13, 8, 24	35, 5, 1, 10		35, 11 32, 31		1, 13, 31	15, 34, 1, 16	1, 16, 7, 4		15, 29, 37, 28	1	27, 34, 35	35, 28, 6, 37
24, 17 13	27, 2, 29, 28		20, 19, 30, 34	10, 35, 13, 2	35, 10 28, 29		6, 29	13, 3, 27, 10	13, 35, 1	2, 26, 10, 34	26, 24, 32	22, 19, 29, 40	19, 1	27, 26, 1, 13	27, 9, 26, 24	1, 13	29, 15, 28, 37		15, 10, 37, 28	15, 1, 24	12, 17, 28
2, 24, 26	35, 38	19, 35 16	19, 1, 16, 10	35, 3, 15, 19	1, 18, 10, 24	35, 33, 27, 22	18, 28, 32, 9	3, 27, 29, 18	27, 40, 28, 8	26, 24, 32, 28		22, 19, 29, 28	2, 21	5, 28, 11, 29	2, 5	12, 26	1, 15	15, 10, 37, 28		34, 21	35, 18
8, 32, 19	2, 32 13		28, 2, 27	23, 28	35, 10 18, 5	35, 33	24, 28, 35, 30	35, 13	11, 27, 32	28, 26, 10, 34	28, 26, 18, 23	2, 33	2	1, 26, 13	1, 12, 34, 3	1, 35, 13	27, 4, 1, 35	15, 24, 10	34, 27, 25		5, 12, 35, 26
26, 17 19, 1	35, 10, 38, 19	1	35, 20, 10	28, 10, 29, 35	28, 10, 35, 23	13, 15, 23		35, 38	1, 35, 10, 38	1, 10 34, 28	32, 1 18, 10	22, 35, 13, 24	35, 22, 18, 39	35, 28, 2, 24	1, 28, 7, 19	1, 32, 10, 25	1, 35, 28, 37	12, 17 28, 24	35, 18, 27, 2	5, 12, 35, 26	

除此之外，技术矛盾矩阵表是最早被引入到日本的TRIZ方法，也是在日本TRIZ学习者中最流行的方法（印象最深刻方法的含义）。

虽然说理论上如果可以使用技术矛盾矩阵表中解决不妥协问题的创意，再结合类比的思维，会是一种非常方便且有效的方法，但是把现实的问题抽象成可以参考技术矛盾矩阵表的工作还是比较困难的，因此一定程度的习惯（训练）是必不可少的。

另外，也必须认识到即使投入再多的训练，仅用这一种方法解决所有问题是不可能的，因此必须结合其他的TRIZ方法一起。但是，因为这种方法是以矩阵表为基础的系统化方法，所以给人的感觉是TRIZ方法中比较容易使用的方法，也正因如此，它还给人一种只要能对应技术矛盾矩阵表就可以解决任何问题，引出创新创意的错觉（这尤其是TRIZ初学者比较容易陷入的错觉）。

因此，为了能够单独有效地使用这种方法，需要深刻认识使用这个方法的前提条件是必须把相关问题简单化（或最小化）。

只要在注意以上情况的前提下使用矛盾矩阵表，对于现在技术系统的部分改善还是非常有效的，甚至可以更加期待“技术人员对把握技术性课题能力的敏感度提升”。

③ 39个通用物理特性的特征

如果模糊地理解39个通用物理特性（多被称为39个参数），在实际应用中很容易出现不知道应该将实际的技术矛盾对应技术矛盾矩阵表上哪个参数的情况。

在这种情况下，如果强行选择参数，则从中引出的发明原理也将会变得不正确，且无法期待有效获取创新性的创意。

这样就无法有效地使用这个方法。

因此，首先来介绍一下39个物理特性的特征（见表3-15）。此表是笔者将在网络上的*TRIZ-Journal*杂志上发表的Ellen Domb女士的论文“The 39 features of Altshuller's Contradiction matrix”译为日文，并进行了部分添加及修正。

图表3-15 39个物理特性的特性

“运动的物体”指（Moving objects）	通过本身或外部的力可以轻易在空间内变换位置的物体。例如，为汽车和随身携带用而设计的物品（手机、手提电脑等）是这个分类里的基本要素
“静止的物体”指（Stationary objects）	通过自身或外部的力无法改变空间内位置的物体。通常是以固定在某场所使用为意图而设计的物品（台式电脑、大型TV等）

No.	物理特性（参数）	特性说明
1	运动物体的质量 （Weight of moving object）	重力场中物体多受到重力，如运动物体作用于支撑自身或悬挂装置上的力
2	静止物体的质量 （Weight of stationary object）	重力场中物体多受到重力，如静止物体作用于支撑自身或悬挂装置上的力
3	运动物体的长度 （Length of moving object）	任意的一次元线。不一定要求是最长，但要考虑长度
4	静止物体的长度 （Length of stationary object）	同3
5	运动物体的面积 （Area of moving object）	通过线围住的平面部分所展现的几何学特性，或者物体内、外部表面的面积
6	静止物体的面积 （Area of stationary object）	同5
7	运动物体的体积 （Volume of moving object）	按物体所占空间内的几何体计算 长方体时，长 × 宽 × 高（$L \times W \times H$） 圆柱体时，圆的面积 × 高（$\pi R^2 \times H$）
8	静止物体的体积 （Volume of stationary object）	同7
9	速度 （Speed）	物体的速度，指时间内流程和活动所占比例

（续）

No.	物理特性（参数）	特性说明
10	力 （Force）	意味着系统和系统之间相互作用的测算 在牛顿物理学中，用“力＝质量 × 加速度（$F=ma$）”表示 TRIZ以力和物体的条件变更为意图表示相互作用
11	张力/压力 （Stress or pressure）	单位面积的压力或张力
12	形状 （Shape）	外部轮廓，系统的外观
13	物体的稳定性 （Stability of the object's composition）	稳定指系统完整且无损伤的状态。在系统构成要素的关系中，磨损、化学分解及部件拆卸都会降低稳定性。熵的增大也会降低稳定性
14	强度 （Strength）	物体可以抵抗来自外部变化力的范围，针对破坏力的抵抗力
15	运动物体运动的持续性 （Duration of action by a moving object）	物体实施动作的时间，耐用年数。MTBF：mean time between failure（平均故障间隔时间）是活动持续的基准，即故障间的动作时间的平均值，是展示技术系统可靠性的一个尺度
16	静止物体运动的持续性 （Duration of action by a stationary object）	同15
17	温度 （Temperature）	物体及系统的温度情况。广义也包含影响温度变化比率的热容（heat capacity）等热参数
18	光照度 （Illumination intensity）	单位面积上光的流量（光量）和亮度、光特性等系统的其他亮度相关特性
19	运动物体的能量 （Use of energy by moving object）	是能量，物体做功的一种度量。在经典力学中，能量用力与距离的乘积表示 也包含使用为发挥特定功能所需的（电气能量和热等）超级系统的能量（即系统外的能量）供给的能量

（续）

No.	物理特性（参数）	特性说明
20	静止物体的能量 （Use of energy by stationary object）	同 19
21	动力（专业术语） （Power jargon）	做功时间的比例，利用能量的比例
22	能量的损失 （Loss of energy）	指使用了对做功没有贡献的能量（参照 19）。 在降低能量浪费时，为了改善能量使用，要求使用（与之前）不同的技术 原因是各种能量的使用（方法）都存在于自己独自的范畴
23	物质的损失 （Loss of substance）	指部分或全部、永久或临时的系统材料、物质、部件或子系统等物质的损失
24	信息的损失 （Loss of information）	指部分或全部、永久或临时，基于系统数据连接的损失，或者数据本身的损失；又或者部分或全部、永久或临时的系统数据连接的损失或数据本身的损失
25	时间的损失（Loss of time）	一项活动所延续的时间间隔。改善时间的损失指降低活动所用时间，“降低周期时间（cycle time）”是（全球）通用语
26	物质的量 （Quantity of substance/the matter）	指部分或全部、永久或临时的有可能变更系统的材料、物质、部件或子系统的数或量
27	可靠性 （Reliability）	在预期可能的方法和条件下为了实行体现其意图功能的系统能力
28	测量精度 （Measurement accuracy）	系统特性的测量价值与实际价值的近似性。通过降低测量误差来提升测量精度
29	制造精度 （Manufacturing precision）	系统或物体的实际特性（制造后的特性）、标准特性及（当初）要求特性一致的范围
30	作用于物体（外部）的有害因素 （External harm affects the object）	系统对外部因素引起的阻碍因素的敏感程度

（续）

No.	物理特性（参数）	特性说明
31	副作用（物体内产品的阻碍因素）（Object-generated harmful factors）	阻碍因素指降低物体和系统功能的效率及特性的事物。这些阻碍因素作为系统及物质运营的一部分，通过系统及物体（自身）引发
32	可制造性（制作简便性）（Ease of manufacture）	在物体或系统的制造或组装工序中，展示其简单、轻松、方便的程度
33	操作容易度（Ease of operation）	单纯性：如果操作中需要大量的人和步骤，要求特殊的道具等，那么此流程就不能称之为简单“困难的”流程会形成低产出值，“轻松的”流程会形成高产出值。人更能在轻松的情况下完成正确的作业
34	维护容易度（Ease of repair）	在修复系统内故障、缺陷、失败的基础上，体现方便、轻松、简单、时间等质量特性
35	适应性（或万能性）（Adaptability or versatility）	系统 / 物体积极响应外部变化的范围；或者在多样的环境下，对于这样的环境用多样的方法对应处理的系统
36	装置复杂度（Device complexity）	表示系统内要素与要素之间相互关系的数量及多样性 用户可能是增加系统复杂性的一个要素 熟练掌握系统的难易程度也是表示系统复杂度的一个基准
37	控制复杂度（监控与测量的困难性）（Difficulty of detecting and measuring）	表现为测量系统或监控系统复杂、成本高、测量时需要长时间及相应的交接人，或者系统和各组件间关系复杂，监控及测量时引发困难的原因和各组件接触的状态 为在允许误差内进行测量，使（装置的）成本提升，是增加测量难度的一个预兆
38	自动化水平（自动化的范围）（Extent of automation）	系统及物体在无人操作的情况下实现功能的范围。自动化的最低级别是手动操作道具 中等级别是人工编程、观察操作、必要时（系统的操作）介入操作，重新编程的阶段 最高级别是机器感知所需的操作，机器自动编程并对操作自动监控的阶段
39	生产性（Productivity）	执行系统时单位时间内的功能或操作数 1 单位功能及操作的时间 单位时间内产出或单位产出对应的成本等

2. 40 个发明原理

如前文所述，不妥协地解决技术矛盾所对应的发明原理已记入技术矛盾矩阵表相关联的单元格中，如果可以有效使用表格中编号所对应的发明原理，顺利引出创意，就可以不妥协地解决单元格对应的行侧参数（对应希望改善的参数 *A*）和列侧参数（对应恶化的参数 *B*）的技术矛盾。

但是另一方面，想轻松地通过这个发明原理来寻找有效构思创意的灵感又存在过于抽象的缺陷（当然正因为抽象，才能通过类比思维解决各种矛盾构思创意）。

因此，为了帮助理解发明原理，下面将逐一介绍各发明原理的关键词和案例。除此之外，对于一些发明原理，还将介绍视觉性案例（引用自美国 Ideation International 公司的 TRIZ 软件 IWB）。

① 分割 / 细分化（Segmetation）

a．将对象物（一个物体）分割为多个彼此独立的部分。

b．将对象物（一个物体）分成组装式（单元式）。

c．提升对象物（一个物体）的细分化程度。

（案例）

* 组合式音响系统、折叠椅、珠帘

* 乐高块做成的可动式玩具

* 组装式钓竿

② 分离、抽取（Extraction）

a．从对象物（一个物体）中抽出（或去除、分离）“不稳定的部分或特性”。

b．只取出必要的部分或特性。

（案例）

* 为了不让田地等被麻雀糟蹋，放置稻草人，将在风的作用下闪闪发光的胶带缠绕在田地周围。结果麻雀等鸟类变得不再靠近田地（将麻雀和田地分离开来）

* 利用地雷探测器明确在土中埋放地雷的位置

* 为了分离混合在一起的物质，利用比重的差异使其静置沉淀后形成固体层，再取出固体层，或者也可以利用物体大小的差异，利用多孔筛分离

③ 局部质量（Local Conditions）

a．将物体或外部环境（通过外部作用）由一致的构造改为不一致的构造。

b．使物体的不同部件具备不同的功能。

c．使物体的各个部件各自作动并处于最佳状态。

（案例）

* 通常在安装铅笔芯的部分放置橡皮，即使很小的字和细长的部分也可以相对容易地擦除（也就是说，让铅笔芯的部分具有橡皮这一不同性质的功能）。这种“铅笔型橡皮”更便于精细作业

④ 增加不对称性（Asymmetry）

a. 故意将对称性物体变为非对称性物体。

b. 如果物体已经是非对称的，则提升它的非对称程度。

（案例）

* 为了确保将某运动（如旋转运动等）转换成另一运动（如直线运动或上下运动等），就要提升凸轮的非对称程度

⑤ 组合、合并（Combining）

a. 将同质的多个物体或计划进行连续操作的多个物体在空间上进行组合（使其结合）。

b. 从等质或连续性运转在时间观点维度进行组合。

（案例）

* 大会议室等场所使用的大量椅子（全部同一形状）在使用后可以堆叠为一定的高度，通过专用平板车移动到保管场所

搬运窗玻璃片时，用纸分隔保护后打包到木箱中。但即使如此注意有时也会有破损。为了防止破损，玻璃不是一块块分开，而是作为一个整体搬运。具体来说，就是给每张玻璃片各盖一层油膜作为一个整体。这样做比一张玻璃片的强度有所增强。测试结果发现，从 2m 的高度落下玻璃片也没有破损。

（修改 Ideation International 公司的 IWB 日语版后引用）

⑥ **多元性**（Universality）

通过使对象物实现多个功能，探讨是否可以去除必要的其他物体。

（案例）

* 沙发式床、激光笔式圆珠笔

* RV 车的自动调节垫配合其多种使用目的，可以作为装货台面或放松睡眠的休息室

* 面向企业的行政管理，放置了可以移动方向的椅子、桌子形成办公空间（FAX、PC、TV 系统等）的变更型面包车

⑦ 嵌套构造（Nesting）

a. 将一个物体包含在另一个物体中，另一个物体又包含在第三个物体中。

b. 将一个物体放置在另一物体的空腔中。

（案例）

* 嵌套式钓竿
* 自动铅的交互式构造
* 便携式激光笔（指示棒）
* 户外用餐具套装可用大、中、小餐具的嵌套构造紧凑地收纳

⑧ 重量补偿（Counterweight）

a. 将对象物体的重量与另一个能提供浮力的物体进行组合，以抵消重量。

b. 将对象物体与提供空气动力学或流体力学的力的环境相互作用，以抵消重量。

（案例）

* 平衡器（码垛机）搬运大件重的行李时，为了不让重量直接负荷到人身上，采用具备浮力功能的作业现场使用的搬运机器

⑨ 预先反作用（Prior counter-action）

a．为了执行某个作用，事先考虑反作用。

b．为了让对象物必须具有张力，事先施加反作用。

（案例）

* 强化的混凝土支柱或地板
* 如果需要跳进熊熊大火现场迅速抢救人员，为了防止烫伤要事先把浸过冷水的毛巾裹在身上再进去

⑩ 预先作用（Prior action）

a．事先执行对象物体所要求的全部或部分动作。

b．为了不浪费某个动作实施前的等待时间，可以为在以后的动作可以顺利进行的对象物进行事前准备（使得能够从最方便的位置开始安排）。

（案例）

* 具备加热功能的酒是提前将具有发热作用的某种物质放入容器底部，在加热时，通过按压容器底部发生化学反应使其发热
* 颜料棒（放入容器的橡胶颜料很难巧妙、均匀地涂布，而如果它变成可以提供胶带状的喷嘴，就可以更简单地涂上适当的量）

⑪ 事先防范（Cushion in advance）

采用事先防范，填补相对较低的对象物体的可靠性。

（案例）

* 书店为了防止偷窃，如果不事先在前台扫描书的条形码，出口附近的传感器就会发出蜂鸣（事先将条形码贴在书上，提升店内安全）
* 通过提前在塑料胶卷等表面涂膜，可以防止纸做成的卡片（类似身边影像商店的会员证等）产生破损和污垢（即可以提升卡片的可靠性）

⑫ 等势（Equipotentiality）

为了不需要提升或下降物体，尝试改变作业的状态。

（案例）

* 高楼大厦的窗户玻璃清洗工作。通过对作业员所乘坐的平板车在大楼垂直方向上下移动，始终保证无论大楼有多高，大楼窗户和自己（作业员）的位置状态始终保持一致的关系进行作业

⑬ **反作用**（Inversion）

a．实施相反的作用来代替问题规格中所指示的作用。

b．使对象物体的可动部分或外部环境处于静止状态，使不动部分处于可动状态。

c．将对象物体上下颠倒。

（案例）

* 通过振动研磨所必须的部件而不是使研磨剂作动，实施部件的研磨
* 在动作片中拍摄忍者跳高的场面时，实际上是拍摄扮演忍者角色的人从高处跳下的场面，然后将其反向播放就可以再现忍者跳高的画面

⑭ **曲面化 / 曲率增加**（Spheroidality）

a．将直线型部件和平坦的部件表面用曲线代替，用球形结构替代立方体形状。

b．使用滚筒、球状、螺旋状结构。

c．更改直线运动为旋转运动，再尝试利用离心力。

（案例）

* 电脑鼠标利用球形结构将2个轴的直线运动转换到屏幕上的矢量

⑮ 动态特性（Dynamicity）

a．为了实现不同阶段最合适的性能，对对象物体及其环境进行自动调整。

b．为了使其相互关联的位置可以变更，对对象物体的元素进行分割。

c．如果物体是静止的，将其变为可动的物体。

（案例）

* 可通过机械臂灵活调节位置的荧光灯
* 靠背可根据人的载荷变化灵活调整的座椅

⑯ 未达到或过度作用（Partial or overdone action）

如果所期望的作用难以百分之百实现，大幅度简化问题则可以或多或少达成所求。

（案例）

* 想在汽车上鲜明地描绘某个文字比较困难时，首先将剪去文字形状的纸贴在作业部位，然后用喷雾等往上喷涂颜料后剥落文字形状的纸，漂亮的文字就会清晰地显现出来
* 正确测量一定量的某对象物（冰淇淋等流动物体）时，可以往对应一定量的杯子里多放入一些，再去除表面多余的部分

⑰ 一维变多维（Shift to a new dimension）

a．将物体变为二维运动（沿平面）以消除物体直线运动产生的问题。同样，如果可以将物体变更到三维空间，则很有可能解决物体平面运动时出现的问题。

b．将对象物体由单层变为多层的组合。

c．将物体倾斜或横向放置。

d．将图像投影到相邻部分或物体的反面。

（案例）

* 电炉使用将电反射到背面的反射板，再向发热方向扩散的设计思路

⑱ 机械振动（Mechanical Vibration）

a．使物体振动。

b．振动存在时，提升频率至超声波。

c．使用共振频率。

d．利用压力振动代替机械振动。

e．同时使用超声波振动和电磁场。

（案例）

* 为了在不损伤皮肤的情况下取下石膏，由以往的手动切割改

为振动刀具

* 遇到振动产生噪声时，将振动提升至超声波范围使人耳无法感知，从而解决噪声问题

⑲ 周期性动作（Periodic Action）

a．用周期性动作代替持续性动作。

b．当动作已经是周期性的时，改变其频率。

c．为了实现追加作用，使用冲击（冲力）间的脉冲（振动）。

（案例）

* 为了让人意识到警示灯，比起持续亮灯，使其闪烁更好
* 施工用闪烁灯（旋转灯等）
* 扳手比起持续用力，利用冲击力（冲力）更容易松动腐蚀的螺栓

⑳ 有效作用的连续性（Continuity of a useful action）

a．使物体的所有部件不停地满载工作。

b．排除怠速和间歇性动作。

c．将前进和后退的动作转换为旋转运动。

（案例）

* 中餐馆在把大盘餐食移到对面或旁人面前时，可以旋转转盘使大盘子移动

为了与线路在最佳状态下接触，列车车轮有着独特的形状。但是，因为车轮不断磨损，形状也随着时间推移而变形。经过一定时间后，就必须摘下车轮在车床上修复成原来的形状。

但是，因为取下车轮很费工夫，所以要考虑有无不拆除车轮的其他方法。这种方法就是在运行时利用列车的旋转实时调整列车车轮形状的方法。

具体来说就是通过使用固定在货车上的特殊车床用具来实施。

（修改 Ideation International 公司的 IWB 日语版后引用）

㉑ 减少有害作用的时间（Rushing through）

快速进行有害或危险的作业。

（案例）

* 使用超高速切割刀在不破坏薄塑料管形状的情况下将其切断（在管子变形前切断）

㉒ 变害为利 / 转灾为福（Convert harm into benefit）

a．利用有害因素或环境因素得到有益的作用。

b．将某个有害因素结合另一个有害因素来消除这个有害因素。

c．增加有害作用的量直至其不再有害为止。

（案例）

* 轨道土木工程后废弃的 PC 枕木看似是无法作为不燃物处理的有害因素，但如果用粉碎机粉碎就可以有效用作住宅基础施工时的石材
* 北方（日本东北部地区和北海道）沿岸地区整年都是强风，特别是冬天有伴随着风雪的严苛气候，所以推进利用这些风设置风力发电站的计划。强风作为对环境友好的绿色能源变成了有益因素

㉓ 反馈（Feedback）

a．引入反馈功能。

b．若反馈已存在，则将其反转。

（案例）

* 水井的水压过低时检查输出压力并启动水泵维持水井的运行

* 给具有AI功能的学习型机器人实施一次动作并再次给予程序反馈，通过过去的动作分析及其结果引出推论算法，形成引出新动作的系统

㉔ 借助中介物（Mediator）

a．利用作为媒介的物体实现动作的转移。

b．将对象物体与另一容易去除的物体暂时结合。

（案例）

* 为了使皮筋能顺利地穿过裤子等腰身部分，在类似细金属棒上系上皮筋，皮筋穿过裤腰孔后从皮筋上取下金属棒

㉕ 自助服务（Self-service）

a．对象物自助服务，执行辅助和维护作业。

b．利用浪费的物质及能量。

（案例）

* 为了让研磨材料在滚筒粉碎机表面上均匀分布，防止进料器磨损，用同样的研磨材料制作表面

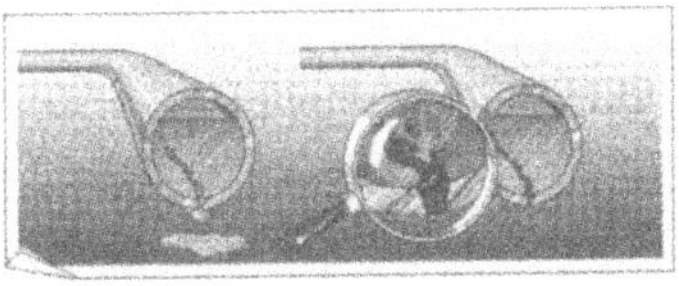

相对低压输水的管道会有小洞。可以经常看到有腐蚀剂作用的水进入这些孔里自我修复。

（修改 Ideation International 公司的 IWB 日语版后引用）

㉖ 复制（Copying）

a．使用简化而廉价的复制品替代复杂的、昂贵的、易坏的，或者难操作的物体。

b．用光学复制品、光学图像代替物体或物体系统。可以按一定比例缩小或扩大图像。

c．若已使用可视化的光学复制品，尝试将其替换为红外线或紫外线复制。

（案例）

* 通过测量影子来判断高物体的高度

* 用 3D CAD 对制作的模型进行仿真等

㉗ 廉价替代品（An inexpensive short-life object instead of an expensive durable one）

在不降低特性（例如寿命和使用难易程度）的前提下用廉价物体

的集合体替代昂贵的对象物体。

（案例）

* 纸尿裤、一次性相机、一次性打火机等
* 用放入诱饵的塑料管做成的一次性捕鼠器。老鼠从圆锥形入口进入捕鼠器，因为入口壁有角度，老鼠无法从那里出来

㉘ 机械系统替代（Replaceement of a mechanical system）

a. 用光学、声学或嗅觉系统替换机械系统。

b. 使用与对象物体相互作用的电场、磁场、电磁场。

c. 替换场。

d. 与强磁粒子一起使用场。

（案例）

* 以前产品的控制类作用（通过齿轮和轴等）大多依赖于机械方法，现在变为了电子电路控制的方式（汽车是机电一体化的集合）

㉙ 使用气压与液压结构（Use a pneumatic or hydraulic construction）

用气体或液体代替对象物体的固体部件。这样的部件可以用于使

空气或水进行膨胀，也可用于气垫和充液垫。

（案例）

* 软盘和玻璃杯等易坏的产品在发货时用带气垫的信封和泡沫塑料等作为包装材料

㉚ 柔性壳体或薄膜（Flexible film or the membranes）

a．使用柔软的薄膜或薄胶片代替以往结构。

b．使用柔性薄膜或薄膜使对象物体与外部环境隔离（孤立）。

（案例）

* 当难以直接喝下苦药粉时，一般用糯米纸包裹药粉再将其喝下，但这种方法经常还是会出现药物在口中溶解留下苦味的情况。因此，作为对策，将水倒入有些深度的小盘子里，使糯米纸浮在水面上，再将药粉放在糯米纸中心部位包裹起来。然后，将盘子里的水连同糯米纸包裹的药粉一起喝下。使用这种方法完全不需要担心有苦味（糯米纸遇酸性液或唾液会溶解，但遇水不会溶化）

㉛ 使用多孔材料（Use of porous material）

a．使物体变为多孔性（浸透性）或加入多孔性的要素（插入物、盖子等）。

b．如果物体已经是多孔性的，在孔中事先填入某种物质。

（案例）

* 通过参考使用人工透析用的（特别细小的孔重叠了几层）中空过滤器，研发出能去除河流里细菌生成饮用水的造水机来对抗灾害

㉜ 改变颜色：拟态（Changing the color）

a．改变对象物体或其周边的颜色。

b．改变难以看清的对象物体和流程的透明度。

c．使用着色剂观察难以看清的物体和工程。

d．如果已经使用着色剂，则使用荧光追踪或用追踪器要素。

（案例）

* 可以不拆下绷带就能检查伤口的透明绷带
* 在高尔夫球场经常出现无法找到打出去的球的情况。因此，为了便于在远处也可以确认，也有使用橘色或黄色的彩色球的情况

㉝ 同质性（Homogeneity）

将与主要对象物体相互作用的物体用相同材料或相似特性的材料制作。

（案例）

* 研磨粒子的进料器表面用和流经进料器的材料同样的材料制作。这样就可以消除磨损，持续修复表面

㉞ 抛弃与再生（Rejecting and regenerating parts）

a．功能完成或不需要之后，放弃或变更（如破坏分解、蒸发）物体的要素。

b．迅速恢复物体用完或枯竭的部分。

（案例）

* 火箭助推器在完成其功能后脱离
* 为了使饮用后的塑料瓶更容易废弃，有些做成蛇腹形状，其形状更容易变形

⑮ **物理或化学参数变化**（Transformation of physical and chemical states of an object）

改变物体的聚集态、密度的集聚度、柔性、温度等。

（案例）

* 用螺栓连接脆弱材料制成的产品时，时常会出现裂缝。为了防止这样的问题，有时会使用含有伸缩性的材料制作螺栓

㊱ **相变**（Phase transition）

利用对象物质相变时产生的作用。例如，体积及其游离变化时、热吸收变化时等。

（案例）

* 为了控制肋排状管子的膨胀，将管中装满水，冷却到零度以下

㊲ **热膨胀**（Thermal expansion）

a．利用遇热膨胀或收缩的物质。

b．使用热膨胀系数不同的多种材料。

（案例）

* 为了控制温室顶窗的开关，将双金属片连接到窗户上。其结果是，随着温度的变化，金属片弯曲，可以开关窗户
* 使用双金属片的闪烁灯（信号灯）和圣诞树的灯泡

㊳ 加速氧化（Use strong oxidizers）

a. 用浓缩空气代替普通空气。

b. 用氧气代替浓缩空气。

c. 用电离辐射处理空气或氧气。

d. 使用臭氧。

（案例）

* 为了从火把获取更多的热量，输送氧气以代替空气
* 由于过去典型的日本室内浴池使用柴火加热，因此为了促进火力，常用筒子和内圈对着浴池缸吹风

㊴ 惰性环境（Inert environment）

a. 用惰性环境替代通常环境。

b. 在真空状态下执行程序。

（案例）

* 为了防止仓库中的棉花着火，将棉花移动到保管场所时用惰性气体填充

⑩ 复合材料（Composite materials）

用复合材料替代均质材料。

（案例）

* 军用飞机的机翼为了增强强度、减轻重量而采用塑料和碳纤维的复合材料制作
* 游泳比赛用的泳衣、滑雪板等也是用添加了碳纤维在内的复合材料制作

3. 案例——技术矛盾矩阵表的应用

案例学习：塑料瓶

为了用塑料瓶装满液体（水），需要准备与液体相称的容器（塑料瓶），但水喝完之后塑料瓶自身又占用空间，变得很碍事。试着通过这种情况定义技术矛盾，通过使用技术矛盾矩阵表来思考这个问题的解决方案。

希望改善的特性（参数 *A*）是增加容积，导致恶化的特性（参数 *B*）是容器本身变成为累赘。将此情况与 39 个参数进行匹配。因为这个过程需要高度抽象化的思考，所以很多时候会在选择套用哪个参数时犹豫不决。如果产生犹豫就只能用试错的方法，选择多个参数进行匹配，最终锁定最合适的参数。这个过程需要一定程度的训练。

将上文的案例尝试与以下参数匹配。

（案例）

希望改善的特性：

增加塑料瓶的容积→ 7. 运动物体的体积（参数 *A*）

恶化的特性：

塑料瓶自身占据空间变成累赘→ 31. 副作用（参数 *B*）

利用技术矛盾矩阵表，从匹配的参数中寻求应该使用的发明原理。该情况下应该使用 7 行 31 列交叉单元格中的发明原理。

7 行 31 列交叉单元格中的发明原理

17. 一维变多维
    - 将物体变为二维运动（沿平面）以消除物体直线运动产生的问题。
    - 将对象物体由单层变为多层的组合。
    - 将物体倾斜或横向放置。
    - 将图像投影到相邻部分或物体的反面。

2. 分离、抽取

- 从对象物（一个物体）中抽出（或去除、分离）“不稳定的部分或特性”。
- 只取出必要的部分或特性。

40. 复合材料

- 用复合材料替代均质材料。

1. 分割 / 细分化

- 将对象物（一个物体）分割为多个彼此独立的部分。
- 将对象物（一个物体）分成组装式（单元式）。
- 提升对象物（一个物体）的细分化程度。

将这个单元格中的各发明原理分别按照 17 → 2 → 40 → 1 的顺序进行探讨，找出对创意可能有帮助词组。然后，参考可能有帮助的词组，通过强制联想构思创意，设法解决技术矛盾。

在此列举能够联想到的创意（但这里列举的创意在实际的塑料瓶上是否采用就另当别论）。

利用发明原理中的强制联想法进行创造性构想

2. 分离、抽取

- 从对象物（一个物体）中抽出（或去除、分离）“不稳定的部分或特性”。

（创意 1）

* 塑料瓶在饮用后，其侧面可以溶解。例如，使用将塑

料瓶埋到土中可以分解为土壤的材料。

• 只取出必要的部分或特性。

（创意2）

* 饮用后塑料瓶的侧面部分变软、变得容易破坏，因此将其变为不占空间的形状（如将侧面部分变为强化纸等）。

40. 复合材料

• 用复合材料替代均质材料。

同（创意1）。

1. 分割/细分化

• 将对象物（一个物体）分割为多个彼此独立的部分。

（创意3）

* 将塑料瓶设计为饮用后可折叠的形状。

通过使用这里介绍的技术矛盾矩阵表，拓展了创意的广度，使人们可以联想出以往仅靠头脑风暴等很难想到的创意，其效果显著。

4. 物理矛盾及其解决方法

从现实角度而言，使用技术矛盾矩阵表满足所有矛盾并解决问题是不可能的。在这种情况下，就需要从其他观点把握矛盾问题。具体而言，就是找出技术矛盾背后隐藏的“物理矛盾（Physical Contradiction）”并解决其问题的方法。物理矛盾的描述方法如图表3-16所示。

图表 3-16　物理矛盾的描述方法

[产品和构成要素]
为了实现 [有益功能 UF1]，必须具有 [特性 C]。
但同时，
为了实现 [有益功能 UF2]，必须具有 [特性 -C]。

案例：果汁罐
为了实现 [储存果汁]，必须拥有 [罐的体积]。
但同时，
为了实现 [便于清理罐子]，又 [不要罐的体积]。

比起技术矛盾，这种问题的抽象度更高，更加需要把握问题的本质。“物理矛盾是指必须使同一参数处于排他状态（自我对立）”“某一参数的 C 必须高，但同时又必须降低”。

并且，作为不妥协地解决这样的物理矛盾的原理，是可以从多个维度进行分离的原理。

- （基于）空间的分离
- （基于）时间的分离
- （基于）整体和部分的分离
- （基于）状况的分离

图表 3-17 介绍了利用分离原则解决物理矛盾的案例。

图表 3-17　利用分离原则解决物理矛盾的案例

案例 1：飞机的机翼
为了便于起飞，应该扩大机翼的面积，但为了提升飞行速度又应该缩小机翼。
[（基于）时间的分离]：起飞时扩大机翼面积，飞行中为了提升速度将机翼面积缩小（变窄）即可。

（续）

案例2：果汁罐 搬运堆叠的罐子时需要罐子具有一定强度，但对于喝果汁而言，又不需要罐子有太大的强度（一个人拿着罐子饮用时不希望罐子如此硬）。 [（基于）空间的分离]：罐子顶部和下部通过变更形状（折边等）提升其强度，但罐子本体部分采用薄铝片就足够了。最终，果汁处于密封状态时可以确保其具有足够的强度，而饮用的时候又不会觉得罐子过硬。
案例3：自行车链条 为了无论在什么情况下旋转力都可以从脚踏板切实地传递给车胎，链条必须有柔性（灵活性），但要想不损坏，又必须有硬度（刚性）。 [（基于）整体和部分的分离]：从微观角度，每一节的链条都确保了硬度，但从宏观角度，链条整体又保持着足够的柔性（灵活性）。
案例4：厨台用水处 厨台中的排水要保持通畅，但又不能排掉固体物。 [（基于）状况的分离]：厨房的水漏（厨房筛子）设计可以使水流通过，但又可以保证食物等固体无法通过。

另外，将之前通过使用技术矛盾及来寻求解决方案的塑料瓶案例再通过物理矛盾及其解决方法来探讨新的解决创意。

为了解决定义的塑料瓶的物理矛盾，尝试使用（基于）分离的原则。

> 案例学习：塑料瓶
>
> 为了实现［储存液体］，必须拥有［塑料瓶的体积］。
>
> 但同时，
>
> 为了实现［使变空的塑料瓶容易收拾］，又［不要塑料瓶的体积］。

认为像这样经常把物理矛盾及其解决方法（分离原则）与技术矛盾及其解决方法（即技术矛盾矩阵表）关联使用，会更容易创造出具有创新性的创意。

> 案例学习：塑料瓶
>
> 将［希望塑料瓶存在，同时又不希望其存在］这一物理矛盾，使用［（基于）时间的分离］来构思解决创意。
>
> （创意联想）
>
> *因为希望饮用时存在容积，饮用后去除容积，所以饮用后容积消失即可→有无可溶解的材料？→有无按压上、下即可轻易破坏的形状？→制作蛇腹形状的塑料瓶。
>
> （事实上，笔者见过这种形状的塑料瓶）

3.4　物质 - 场分析（Substance-Field Analysis）

1. 物质 - 场分析概要

“物质 - 场分析（Substance-Field Analysis）”是指从物质（Substance）和场（Field）这一独特的维度来聚焦对象系统，分析对象系统存在的问题，并将已经分类的“问题解决的方向性”（根据 Altshuller 进行体系化得到的，被称为 76 个标准解的问题解决公式）套用到分析结果上，探讨具体解决方案的方法。

另外，因为物质 - 场分析在英语中称为“Substance-Field Analysis”，所以也多有以英语读法缩写形式的称呼，即“Su-Field 分析”。

总之，这是一种将现有技术系统相关的问题通过被称为“物质 - 场模型”的模型来描绘的方法。

具体而言，从任何系统都是为了执行其有益功能而诞生的这一观点来观察事物，认为有益功能不充分或出现妨碍有益功能的阻碍要素就会引发问题，这种状况可以通过物质 - 场模型（代表性模型的形式是物质 - 场三角模型）抽象地描述（见图表 3-18）。

2. 基于模型问题状况的表现形式

这可以解释为所要求的有益功能是通过某对象物体（通常标记为 Substance 1=S1）实现的，但这个功能要借助作为某种手段的场的能量（通常标记为 Field=F）的帮助，通过另一对象物体（标记为 S2）来引发。

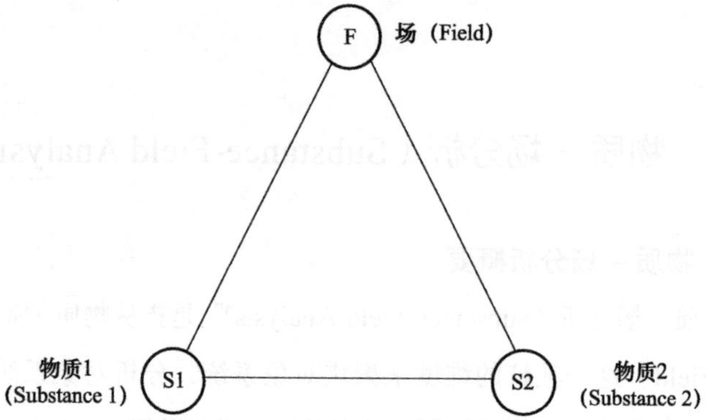

图表 3-18　物质 – 场三角模型

也就是说，“S1 是功能的接受方”（物体），“S2 是功能的供给方”（道具），那么“F 就是传递功能的能量”。

现有系统的不完整是因为 3 个要素（S1、S2、F）中缺少了某一个要素，则物质 - 场分析会展示此模型的哪些部分必须完整。

另外，即使遇到现有模型的 3 个要素聚齐，形成了完整的系统，但这个完整的系统自身也没有效应，在产生有害作用的情况下，也只是展示解决问题的方向。图表 3-19 所示为物质 - 场三角模型的表现形式。

并且，物质 - 场三角模型中有 4 个基本模型（见图表 3-20 和图表 3-21）。

3. 使用物质 – 场模型解决问题

使用物质 - 场模型来解决技术系统问题的流程基本由 4 个步骤组成，将这 4 个步骤按照时间顺序展现在流程图中就形成了图表 3-22。

实施方法是按照这个流程图的顺序来完成各个步骤，下面具体介绍各个步骤内的实施内容。

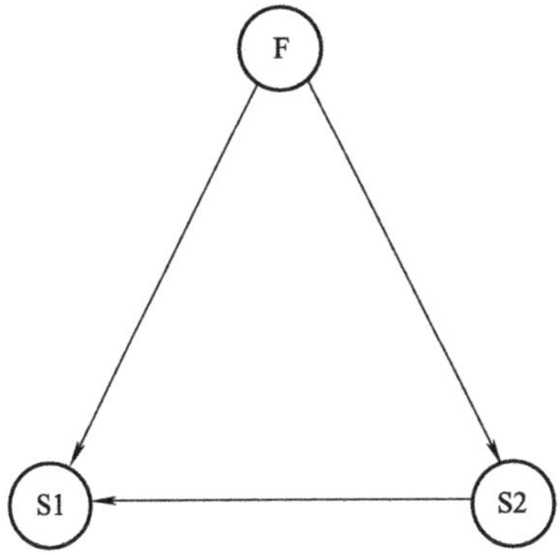

图表 3-19　物质－场三角模型的表现形式

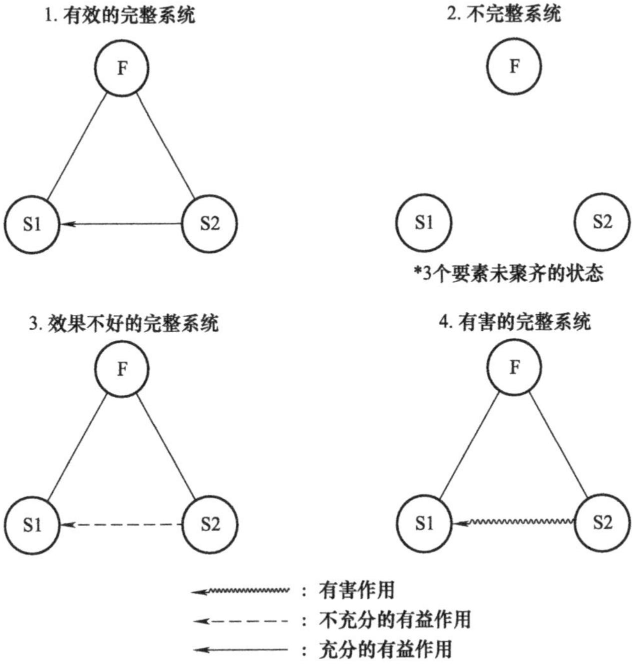

图表 3-20　物质－场三角模型的 4 个基本模型

图表 3-21　基本模型问题解决的方向

类型	问题
1．有效的完整系统	3 个要素（S1、S2、F）聚齐，因为有益作用也充分达成，因此是没有问题的状态
2．不完整系统	3 个要素没有聚齐，因此要构筑聚齐 3 个要素的完整系统
3．效果不好的完整系统	3 个要素聚齐，因为有益作用不充分，所以为了实现要求的效果，应进行改良
4．有害的完整系统	3 个要素虽然聚齐，但因为产生了有害作用的状态，所以要去除消极因素

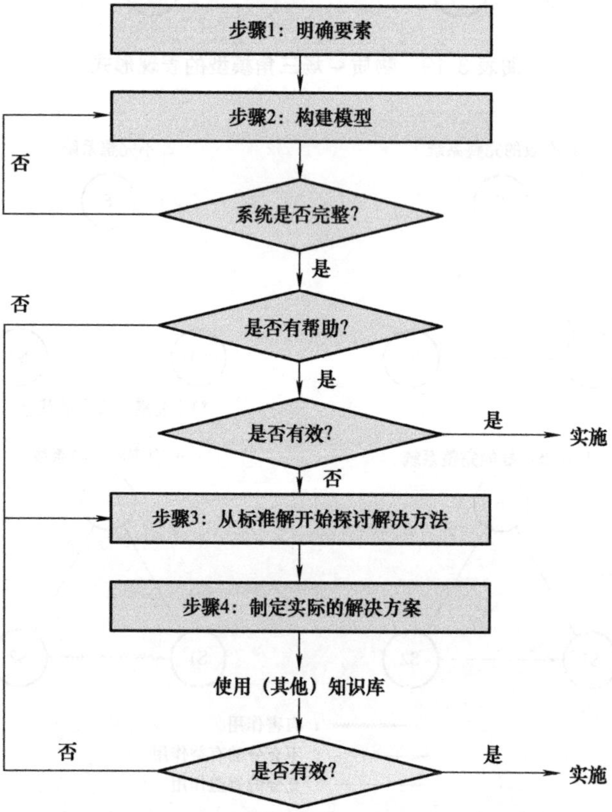

图表 3-22　使用物质－场模型解决问题的流程

步骤 1：明确要素

为了制作物质－场模型，首先要找出并明确以 S1、S2、F 对应的要素为对象的技术系统。

但是，TRIZ 的技术系统意味着“实现有益功能的所有人造物”，因此物质－场模型是可以聚焦所希望改善的技术系统部分的模型。除此之外，从技术系统的构造这一维度来看这个模型，也可以解释为物质－场模型所展示的是技术系统的最小构成单位。

场（F：Field）是为了实现有益功能的能量、力，或者供给反应的事物，对 S1 和 S2 相互产生影响。场这个词汇拥有广泛的意思，如“机械的场（Mechanical Field）”“声学的场（Acoustical Field）”“温度的场（Thermal Field）”“化学的场（Chemical Field）”“电磁场（Electromagnetic Field）”等具有代表性的场。将这些具有代表性的场的英文首字母连起来，也称为“MAThChEM”。

步骤 2：构建模型

根据模型化的规则（各标记的使用规则等，见图表 3-19）制作物质－场模型。在这个步骤完成后，针对系统的完整性及其效果进行评估（见图表 3-20，确认是 4 个模式中的哪一个）。

另外，如果出现缺少某些要素（S1、S2、F）的情况，必须要明确缺少的是什么。

步骤 3：从标准解开始探讨解决方法

作为制作物质－场模型的结果，如果发生问题（S1 和 S2 这一对物质及其之间的场的功能达成（作用）方面存在有害、不充分，或者要素本身有缺失时），将物质－场模型的各个要素（物质Si和场Fj）作为选加项追加至现有的模型中，探讨反映解决问题方向性的标准解。因为像这样的标准解共有76种，所以一般称为“76个标准解”。

另外，探讨标准解意味着，为了解决现有技术系统存在的问题，从可以成为最佳解决方案提示的76个类型中选择标准解。

步骤4：制定实际的解决方案

标准解因为在某种意义上是对原创的解决方案进行精炼化后形成的抽象解，所以为了引出实际的解决方案，必须选择最适合的标准解，并将这个标准解通过类比思维得到对解决实际问题有效的创意（最终和原创的解决方案关联）。在这个阶段，为了构思有效的创意，要多使用知识数据库（目前TRIZ软件上多数专利案例都可以下载图像和文字解说，可以有效利用数据库资源）。

• 各场（Field）的参数（特性）列表

① M：机械的场（Mechanical Field）

a. 重力、引力

b. 重压、压迫

c. 浮力、漂浮性

d. 惯性、惰性、惰力

e. 离心力

f. 真空力

g．力矩、转矩、旋转力矩

h．振动、振幅

i．振动、震动

j．空气动力学的力（空气产生的力）

k．流体动力学的力

l．托起的力

m．流体静力学的力

n．形状的破坏、畸形

② Th：温度的场（Thermal Field）

a．加热

b．冷却

c．稳定温度

d．相位变化

③ Ch：化学的场（Chemical Field）

a．反作用

b．氧化

c．缩小

d．黏着力

e．附着力

f．毛细力

g．催化作用

h．抑制（力）

i．分解、解体

j．合成

k. 表面张力

l. 分解

m. 结晶

④ E：电场（Electric Field）

a. 充电

b. 放电

c. 电火花、闪光

d. 电晕、交冠（向太阳外部扩散的高温气体）

e.（交流、直流）电流

f.（电气）冲击、冲击电流

g.（交流、直流）电压

h. 感应电流

i. 高频电流

⑤ M：磁场（Magnetic Field）

a. 磁化

b. 消除磁性

c. 磁性吸引

d. 排斥作用

⑥ EM：电磁场（Electro Magnetic Field）

a. 无线电波

b. 电磁气引起的振动（振幅）

c. 高频波（微波）

d. 红外线

e. 紫外线

f. 放射线

g. 放射能

4. 案例研究

虽然已经说明了步骤 1 ～步骤 4 的概要，但仅靠概念很难进一步理解，因此下面结合简单的案例来确认各步骤的流程。

案例：修正液

步骤 1：明确要素

课题：消除写在笔记本上的错字

必须实现的功能：消除（笔记本上的）错字

S1：笔记本上的错字，S2：修正液

F= 化学的场（用修正液覆盖笔记本上的错字，干燥、附着的能量）

步骤 2：构建模型

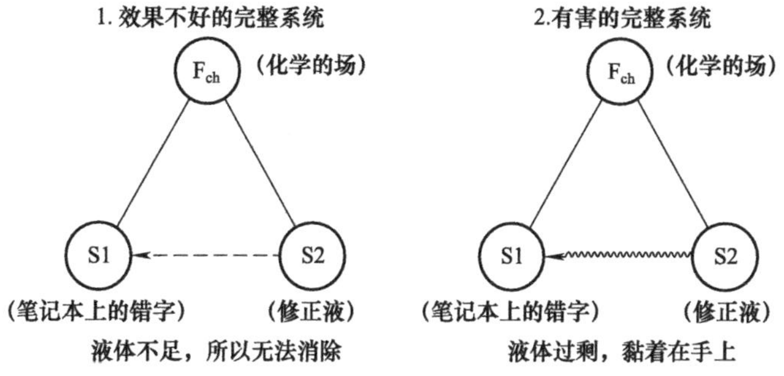

步骤 3：从标准解开始探讨解决方法

1. 效果不好的完整系统

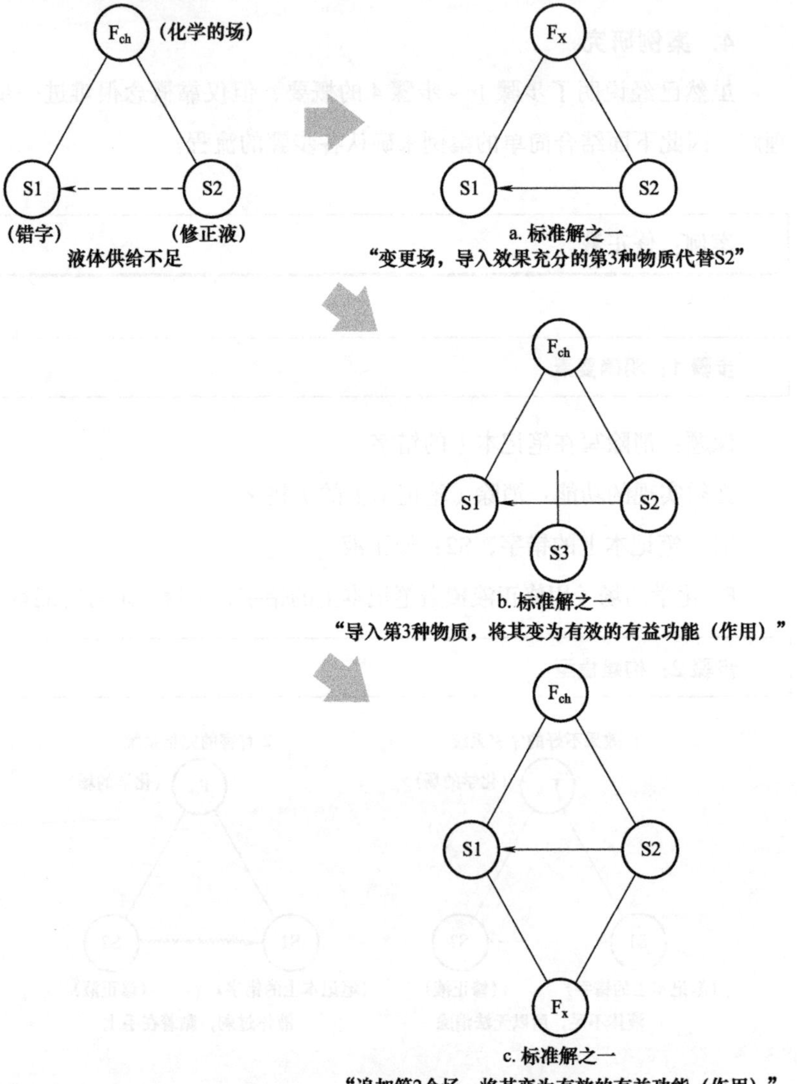

c. 标准解之一

“追加第2个场，将其变为有效的有益功能（作用）”

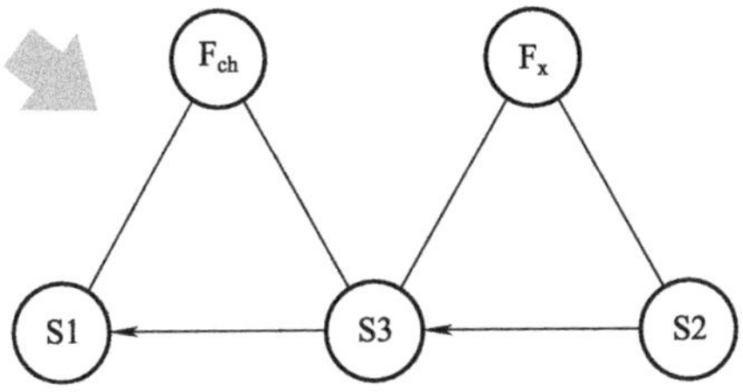

d. 标准解之一
“在S1和S2之间导入第3种物质并导入第2个场”

2. 有害的完整系统

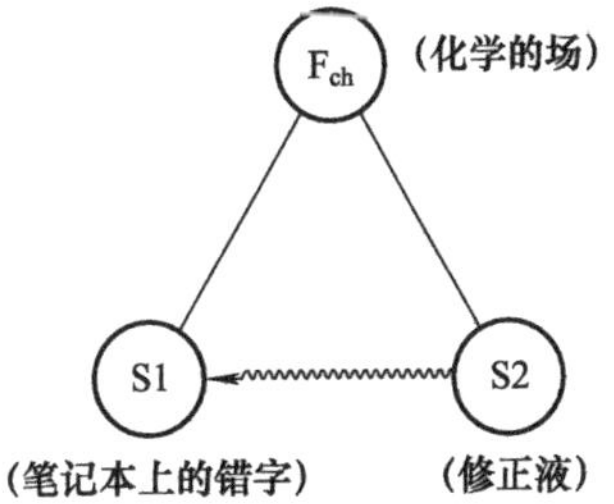

液体过剩，黏着在手上

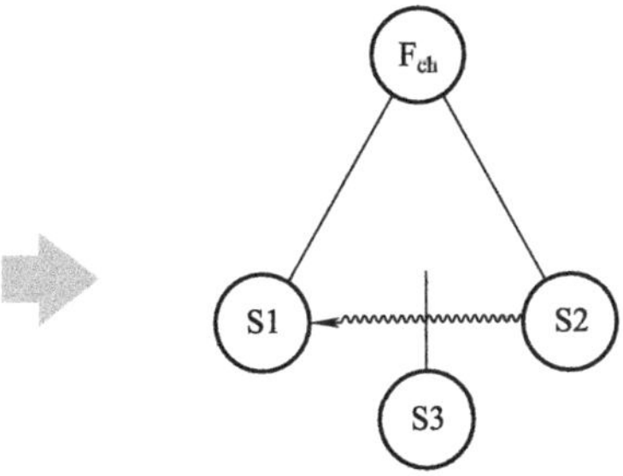

a. 标准解之一
“追加第3种物质，防止有害作用”

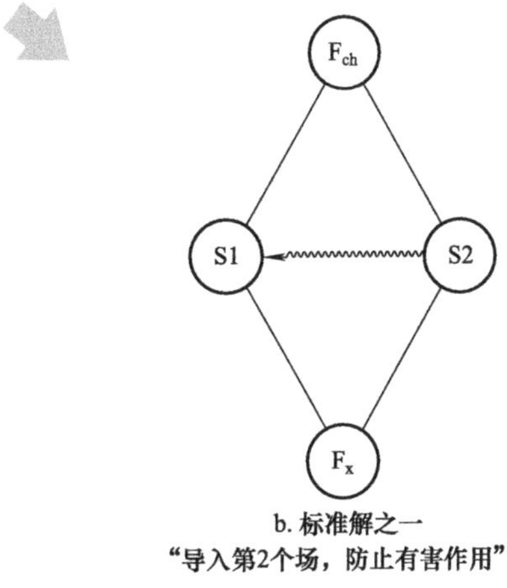

b. 标准解之一
“导入第2个场，防止有害作用”

步骤 4：制定实际的解决方案

在步骤 3 中明确的模型的变化展示了解决方案的方向。

在这个步骤中，以这个模型（在这个案例中的标准解：①的 a ~ d 和②的 a 和 b）为基础探讨实际的解决方案。

① 效果不好的完整系统

a．标准解："变更场，导入效果充分的第 3 种物质代替 S2"

F_x →变更为机械的场（利用压迫力）。

S3 →可以遮盖笔记本上错字的修正带

b．标准解："导入第 3 种物质，将其变为有效的有益功能（作用）"

S3 →（例）使用有吸附性的物质（如海绵、吸附纸等）的毛细力，提升液体的输送性。

c．标准解："追加第 2 个场，将其变为有效的有益功能（作用）"

F_x →（例）F_{ch} 之外，作为第 2 个场导入振动的场（F_{Me}），确保修正液可以供给。

d．标准解："在 S1 和 S2 之间导入第 3 种物质并导入第 2 个场"

F_x →作为第 2 个场导入压力的场（F_{Me}）。

S3 →作为 S3 导入为流出修正液的前端部分提供压力（F_{Me}）的类似注射器活塞一样的东西。

② 有害的完整系统

a．标准解："追加第 3 种物质，防止有害作用"

S3 →为使供给的修正液不过度流出，通过有毛细作用的芯提供修正液。

b．标准解："导入第 2 个场，防止有害作用"

F_x →温度变化（如高温）导致修正液的黏性变化，如果出现液体突然移动导致过度供给的现象，如导入温度的场（F_{Th}），则可以利用形状记忆合金调整修正液的出口。

注意，此解决方案不过是为了解释方法一时想起的创意。

3.5 技术系统进化的模式

技术系统进化的模式是，以产品为首的大量技术系统并不是偶然地进化的，它是 Altshuller 通过“归纳性方法（Induction Approach）”得出的“遵循一定的模式来进化的一种原理”。也就是说，通过大量具体的专利案例分析和整理、积累其分析结果，最终形成了称之为原理的抽象度高的技术进化模式。

Altshuller 推导的代表性技术进化模式一共有 8 种，本书在介绍各个模式的案例同时，将尽可能简明易懂地进行解释。

此外，这一技术进化的 8 种模式在之后也被他的朋友和学生们进行研究，特别是由 Ideation International 公司（II 公司）TRIZ 专家进行整理的技术进化的 8 种模式的版本也被世人所熟知。因此，在本节的后半部分也将涉及 II 公司版本的技术进化模式（II 公司版本的技术进化 8 种模式中的 3 种与 Altshuller 版本基本相同，因此有 5 种新模式）。

1. Altshuller 的 8 种技术进化模式

① **增加理想性的法则**（Law of Increasing Ideality）

技术系统朝着提升“理想性（Ideality）”程度的方向进化。理想性的定义是，将系统有益功能（Useful function）Ui 的总和除以该系统有害作用（Harmful effects）Hj 的总和的比率，概念公式为

$$I\text{（Ideality）}=\frac{\sum Ui\ \uparrow}{\sum Hj\ \downarrow}$$

有益功能包括所有因技术系统而产生的有价值的结果。另一方面，有害作用包括技术系统的成本、系统占据的空间、系统消耗的燃料、系统产生的噪声和废弃物等。

因此，该法则展示了随着系统的进化，有益功能 *Ui* 提升和有害作用 *Hj* 降低的结果。

并且，Altshuller 设定了“理想的最终解”（*Ui* 非常大，*Hj* 为 0 的状态）的概念，即该法则达到极限（理想状态），并强调应以实现该理想为目标。

例如，电脑等虽然以轻薄短小作为基础发展至今，但与之相对也实现了提升 CPU 的性能、内存的大容量化等，因此可以认为整个研发方向是忠实地按照增加理想性法则的形式发展至今。成本相比过去也便宜了很多。

另外，此公式和 VE 提升价值的概念公式（参照 2.2 节的第 7 项）本质上是类似的，但此概念公式网罗的范围更加广泛。

（案例）

* 液晶投影仪：

［有益功能］提升图像分辨率，［应对的有害作用］通过轻量化、小型化、省电等方式提升产品的理想性

* 普通耐用消耗品：

和过去（特别是高度增长期）相比，在性能提升、轻量化、小型化、省电化、低（噪）声化等方面有所进步，产品自身的理想性显著提升

② 系统各部分的完整性法则（Law of Comleteness of Parts of a System）

技术系统是通过将各个分离的部件集成在一起而形成的。为了让技术系统具备落地性，基本上必须包含以下4个系统的技术要素。作为能量之源的“发动机燃料”、执行系统功能的“运转装置”、发动机到运转装置传递能量的“变速装置”，以及通过变速器控制操作系统的“控制装置”。以上这些要素只要缺少一个或出现不充分，就无法在竞争中残存下来或取得胜利。这样的想法不仅局限于汽车，可以说是基本符合所有技术系统的法则。

但是，如果将对象技术系统（如案例中的汽车之外）强行套用上述的4个系统或太过于拘泥其中，则会偏离想要把握系统本身的本质这一目标，正因如此，笔者认为要从构成系统的子系统（如单元模块和子系统等）向着完整方向的技术系统进化这一更加灵活的观点来解释技术进化的模式。

（案例）

*将计算机的进化按照4个系统类比分类：

计算机整体由电源部分（发动机燃料）、显示器（运转装置）、Bus（变速装置）、CPU（控制装置）组成，这4个系统分别朝着完整的方向（性能及可靠性等提升）进化

*同样，将空调按照4个系统类比分类：

空调整体由压缩机（发动机燃料）、热交换器（运转装置）、布管（变速装置）、控制器（控制装置）组成，这4个系统分别朝着完整的方向进化

③ 系统的能量传导性法则（Law of Energy Conductivity in a System）

技术系统朝着从发动机到运转装置传递能量的效率提升的方向进化，但这个传递是通过轴和齿轮这样的“物质”、磁场一样的“场”或带电粒子的流动这样的“物质 - 场”进行的。这种传递形式的选择成为很多创新型问题的重点。

例如，Altshuller 虽然引用了加热工作中的离心分离器内部的物质，将其维持在特定的温度这一问题，但对此的解决方案是通过不妨碍离心分离器工作的电磁场传递热，通过离心分离器内部需要的居里温度的强磁性磁盘，将电磁能量转换为热。

如果列举身边的案例，以下案例可能比较贴切。

（案例）

* 声音信号的传递：

管式传递→电信号式传递→光信号

声场、电场、光场

* 光源：

火把→蜡烛→燃气灯→白炽灯→荧光灯

④ 节奏协调性的法则（Law of Harmonization of Rhythms）

系统向提升其要素（部件）所持有的节奏和自然的频率的协调的方向进化。作为其中一个例子，Altshuller 在地表薄层上挖孔，给其注

满水，通过传递由压力产生的振动，解释了粉碎煤炭的煤炭挖掘方法的改善方案。在这个方案诞生7年后公开了一项专利，专利内容是通过施加和石块撞碳的自然频率相同频率的冲击，来改善煤炭挖掘的流程。关于此案例，Altshuller指出，如果发明者知道“协调的法则”，那么就应该可以避免7年的延迟。

这样的例子显然还有很多，就像切割钻石时，也可以认为是配合钻石的断层施加压力的切割作业，它也遵循了此法则。

另外，为了去除胆结石，要结合结石的密度（结石构成分子的振动＝频率）投射激光，依靠冲击破坏结石后排出的方法等也认为是遵循了此法则。

（案例）

* 1/*f* 摇动型风扇、送料器（传送带→振动→供给）
* 为了保证汽车的室内静音化，促使产生逆相移音并利用
* 火力发电、原子力发电→风力发电（重视与自然的和谐、环境应对）

⑤ 部件不规则发展的法则（Law of Uneven Development of Parts）

在这个法则中，从系统整体来看是在单纯地进行改善，但实际上它提示着构成系统的每个要素（部件）不是同时进行改善的，而是每个要素都突然分别进行改善。

Altshuller引用了货轮的案例。货轮的运载能力和发动机力量有

了飞跃性的增长，但制动系统并没有和运载能力及发动机力量同样速度的进步（因此，现在及近代的邮轮在停止之前都需要经过数公里的距离）。

遵循此法则的例子在日常生活中也常有发现。例如，计算机 CPU 的处理速度和 HD 内存的容量等有着飞跃性的进步，但在输入方式上至今依然是以键盘方式为主流。

（案例）

*汽车：驱动单元基本进入成熟期

（例：一直以来轮胎基本上由橡胶制成，其原理和形状都没有改变，发动机基本上从以前开始就是汽油发动，原理也没有变化，但最近出现了一部分电力驱动型的混合动力发动机）

控制系机器在成长期有飞跃性进步

（例：汽车导航过去不存在，但现在已经诞生，并且进步飞快）

⑥ 迁移至超级系统的法则（Law of Transition to a Supersystem）

系统一旦达到自身发展的极限，就会通过成为更加普遍的（上位）系统的子系统进一步进化。类似地，原来的系统在质量上也会提升到新的高度。例如，介绍 Altshuller 年轻时的一项发明案例“救援队在矿山所穿耐热服”。

在此案例中的问题是必须研发出在室外气温度为 100℃环境下 2h

能都能保证救援队员正常体温的服装。并且，队员已经背负12kg的呼吸器和7kg的工具，因此必须研发出重量小于10kg的服装。

Altshuller并没有拘泥于研发小于10kg服装这一困难，而是以液氧作为冷却物质，研发出更高级别的超级系统的方法。这种方法是通过吸收热量来蒸发液氧实现呼吸的原理进行的。通过这种新系统，Altshuller推算出在500℃的温度中救援队队员可以作业1h（也考虑了液氧爆炸的危险性，注入液氧的罐子做成了防爆规格，苏联专利No.111144）。

像这样，该方案的目标是突破服装这一系统，引入使用环境（这个案例是室外气温）要素，从超级系统出发构思解决方案。

我们身边也存在类似这样的案例。现在的电话也可以理解为迁移至超级系统进行发展的例子。在手机诞生之前，电话机本体的研发是主流，但现在，手机作为信息的终端在信息系统这一超级系统中实现发展。

（案例）

* 可上网的电视（通过电视进行电子交易：E-commerce）

* ITS（先进交通信息化系统）

⑦ 宏观向微观过渡的法则（Law of Transition from Macro to Micro Level）

该法则描述了运作装置（系统功能的执行）的发展，首先在宏观层面发展，之后过渡为微观层面发展的现象。电子工学就是按照这样的法则发展至今的实例。作为具体例子，可列举的是装满真空管的电子产品随着向晶体管、LSI 过渡而变得轻薄短小的例子。

再举一个其他例子。过去，玻璃板是通过使加热的玻璃块在传送带上滚动制造而成的。但是，在这个制造流程中，玻璃在传送带的滚子间有轻微的弯曲倾向，所以玻璃冷却后玻璃板上会有少许的波浪形出现，或存在无法得到平面的缺陷。作为减小波浪情况的手段，考虑使用间隔短、直径小的滚子，但这样一来会提升成本并导致作业复杂化。因此，英国某公司（皮尔金顿公司）开发了拥有专利的解决方案，即以将液态锡放到浴缸上拉伸玻璃的方式。这个解决方案通过宏观滚子过渡到微观滚子（即这里的微观级别指锡的原子级别）得以实现。玻璃板制造从宏观向微观过渡的发展过程如图表 3-23 所示。

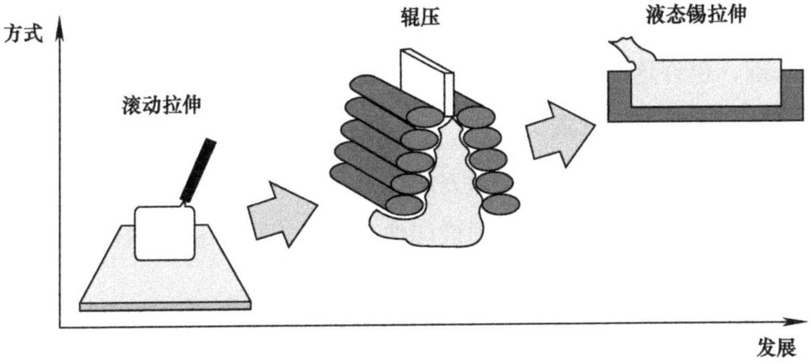

图表 3-23　玻璃板制造从宏观向微观过渡的发展过程

（案例）

* 电气部件：真空管→晶体管→IC→LSI→VLSI

* 切断方法：锯齿切断→水中切断→激光切断

⑧ 包含物质－场增加的法则（Law of Increasing Substance-Field Involvement）

Altshuller 从技术系统是由互相作用的 2 个“物质”通过“场”构成的这一观点出发，研发了将系统模型化的方法。

他将这个模型命名为“物质－场三角模型”。这法则意味着物质－场三角这个不完整的系统向着其完整性方向进化。另外，在这个三角形中也可得出场的特性是从机械的场或热的场向电场或磁场进化的倾向。

这个法则是以古典 TRIZ 方法之一“物质－场分析”的思维方式为基础，也许这是一个很难立刻理解的概念，下面通过简单的案例来解释其基本的思维方式。

例如，思考照相机的记录方法，对“胶卷这一物质 1：S1”，赋予“光量这一物质 2：S2”，将图像印像到胶卷上的方法是图像通过化学性处理的再现，是在“化学的场：F_{ch}”中的作用。

照相机通过根据摄影情况，使充分且正确的光量照射到胶卷上产生鲜明的图像这一原理不断进化并提升性能。如果想要再进一步进化，场也须从化学的场过渡到电场，光量（S2）通过“电场：Fe”记录在磁性媒介（FD 等）上，使鲜明的数字化图像得以再现。这也导致了如今市场上迅速涌现数码相机。从这样的观点可以看清从一般照相机到数码相机发展的经过。

（案例）

* 通信方法（从通信能量的场的观点）：

电气通信方式（电场）→光通信（光学的场）

* 体温计：水银体温计（温度的场）→数字体温计（电场）

2. Ideation International（II）公司的技术进化的 8 种模式

II 公司发表的技术进化模式改编自 Altshuller 研发的技术进化模式，和 Altshuller 版本相比，它追加了营销色彩浓烈的模式。但是，无论怎样它都是在 Altshuller 版本的技术进化模式的延长线上，所以将两个技术进化模式关联起来理解更好。

另外，正如之前所述，和 Altshuller 版本相比有 3 个模式是重复的，新追加的为以下 5 个模式。

① **技术系统的进化阶段**（Stage of Evolution of a Technical System）

技术系统是通过 S 曲线实现进化的。这个 S 曲线的横轴表示时间，纵轴对应技术系统最重要的系统特性值（性能等）。

S 曲线大体分为 4 个阶段："引入期、成长期、成熟期、衰退期"，技术系统按照这 4 个阶段的顺序进行进化。将这 4 个阶段详细分类可分为"妊娠期、诞生期、幼年期、青年期、成熟期、衰退期" 6 个阶段，但通常只使用 4 个阶段。

另外，这个S曲线之外还有3种从独立观点解读技术进化阶段的曲线，包含S曲线在内的4种技术进化曲线整理为了图表3-24。

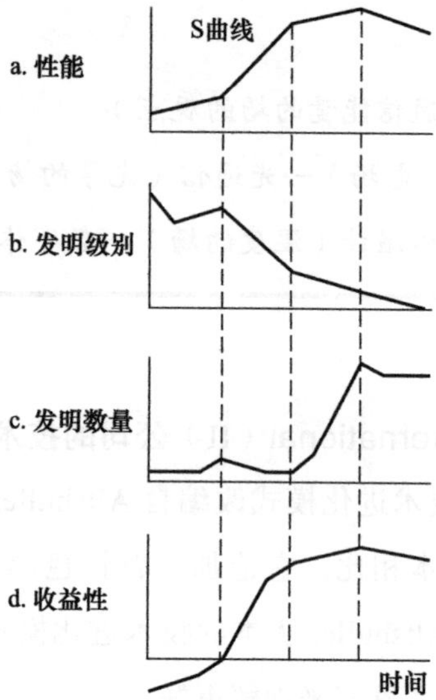

图表 3-24 不同类型的技术进化曲线

② **提升理想化方向的进化**（Evolution toward Increased Ideality）

这种方式和 Altshuller 版本的①“增加理想性的法则”是相同内容，所以可以看作同一种方式。

③ **系统要素的不均匀发展**（Non-Uniform Development of Systems Elements）

这种方式和 Altshuller 版本的②“系统各部分的完整性法则”是

相同内容，所以也可以看作同一种方式。

④ 提升动态性和控制性方向的进化（Evolution toward Increased Dynamism and Controllability）

技术系统是固定且静止的，所以要向着动态的、有活力的方向进化。提升动态性也必然会产生与之相对应的控制的必要性，因此控制性也必须提升。

例如，一把椅子从普通的椅子向能够上下调节的椅子，且前后左右可变的椅子进化。除此之外，一些高端汽车增加了配合驾驶员的体型（姿势）可以通过自动控制改变椅子（这里指椅子坐垫）形状的功能。

⑤ 从复杂化到简单化的进化（Evolution toward Increased Dynamism and Controllability）

技术系统最初是向着提升复杂性的方向进化的，即表现为系统的功能无论在质量和数量方面都有向增加的方向发展的倾向。

但是，当复杂性提升到一定程度后，会向着简单化的方向进化。这暗示着系统是向着二重系统（Bi-system）和多重系统（Mono-system）变化的方向发展的。

例如，洗衣机的初期版本是分别装有洗衣槽和脱水槽，但之后变成在一个槽里就可以实现从洗衣到脱水的功能。这个过程最初导致了系统的复杂化（如单元的复杂化和多功能洗衣机可选择程序功能的控制器等），但如今的洗衣机变为了从洗涤到脱水都有自动连贯的流程，且操作变得简单。

⑥ **通过重复匹配和不匹配带来的进化**（Evolution with Matching and Mismatching Components）

随着技术系统的进化，某系统的要素为提升性能向着匹配技术系统的方向进化，但同时为了弥补副作用（有害作用）而不得不追加系统要素，从结果上来看，有时也会有不适合（不匹配）技术系统的情况。技术系统像这样通过重复匹配和不匹配的过程得到了进化。

（案例）

汽车悬架的发展：

* 车轮＋弹簧→没有减振功能：不匹配
* 减振器＋弹簧→追加吸收冲击功能：匹配但对道路情况的应对不充分
* 硬质橡胶＋减振器＋弹簧→控制吸收冲击的功能：不充分，即错误匹配
* 主动悬架系统→充分控制：匹配

⑦ **向宏观级别方向的进化和场的活用度的增加**（Evolution toward Micro-level and Increased Use of Fields）

这种方式在内容上可以看作 Altshuller 版本的⑦“宏观向微观过渡的法则”和⑧“包含物质－场增加的法则”合体为一个技术进化的方式。

⑧ 向减少人类介入方向的进化（Evolution toward Decreased Human Involvement）

这个技术进化模式的意思是，它是一种暗示着人类可以进行更高智慧的操作，技术系统则向着执行低重要度功能（一般指单纯的重复劳动）的方向进化。

例如，所有家电（特别是洗衣机和吸尘器等）大幅降低了家庭主妇的工作，使其可以拥有自己的时间。

3.6 ARIZ

“ARIZ”在英语里意为“Algorithm for Inventive Problem Solving”，是俄语首字母的英语发音。

ARIZ，与其说它是TRIZ中的独立方法，不如说是解决问题的算法，是解决仅通过个别使用古典TRIZ的各个方法所无法解决的复杂问题时有效的“思考流程”。

1. TRIZ方法的核心——ARIZ

Altshuller开发的古典TRIZ的各个方法都是独特且有效的，但仅通过独立使用个别方法的效果也是有限的，所以为了可以系统地使用各个方法，Altshuller亲自在1950年进行了“思考流程的研究=ARIZ的研发”。

特别是作为一种“将问题及课题从技术矛盾转化为物理矛盾，进一步明确理想的最终解，谋求从本质上解决问题的算法”，ARIZ是一种特别有效的算法。

从这个意义上来说，ARIZ将着力点放在了分析技术系统问题阶段的思考流程上，同时ARIZ的各种版本都是将着力点放在综合化阶段（创造阶段）算法的“Inventor（发明者）的思考流程本身”。

分析“ARIZ85C（Altshuller研发的ARIZ的最终版本）的概要流程”（见图表3-25），可以理解算法的基本流程。

从这个流程可以看出，Altshuller通过ARIZ的实践提倡“ARIZ本身也应该进化”（实际上，在ARIZ85C以后，Altshuller的学生也在继续 ARIZ 的研究和开发至今）。

像这样，遵从 Altshuller 的想法，ARIZ 的研究在那之后也在推进，II 公司的 Boris 先生和 Alla 女官们使其进一步进化（见图表 3-26）。

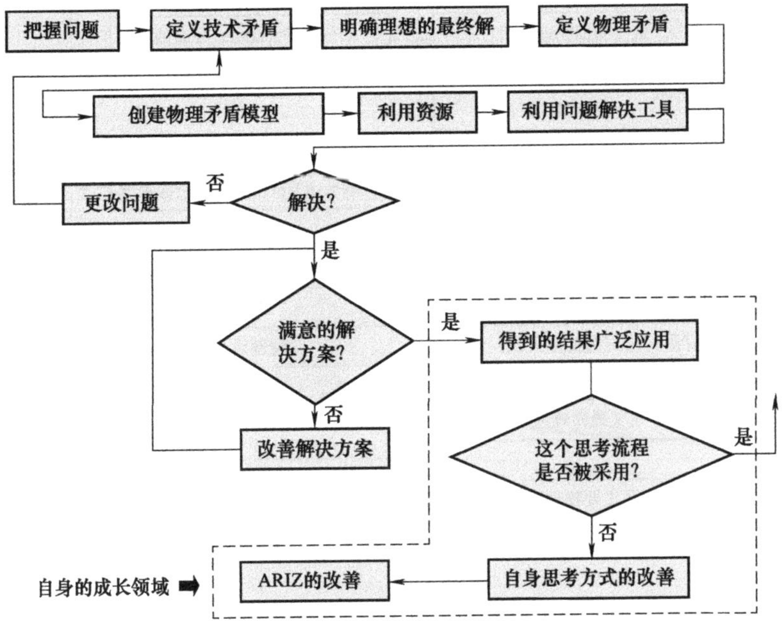

图表 3-25　ARIZ85C 的概要流程

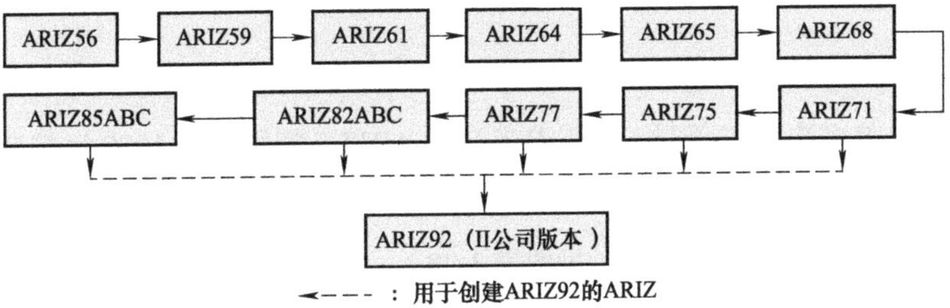

图表 3-26　ARIZ 进化的路径

特别是 ARIZ92 是其代表性案例，图表 3-27 展示了其基本流程。

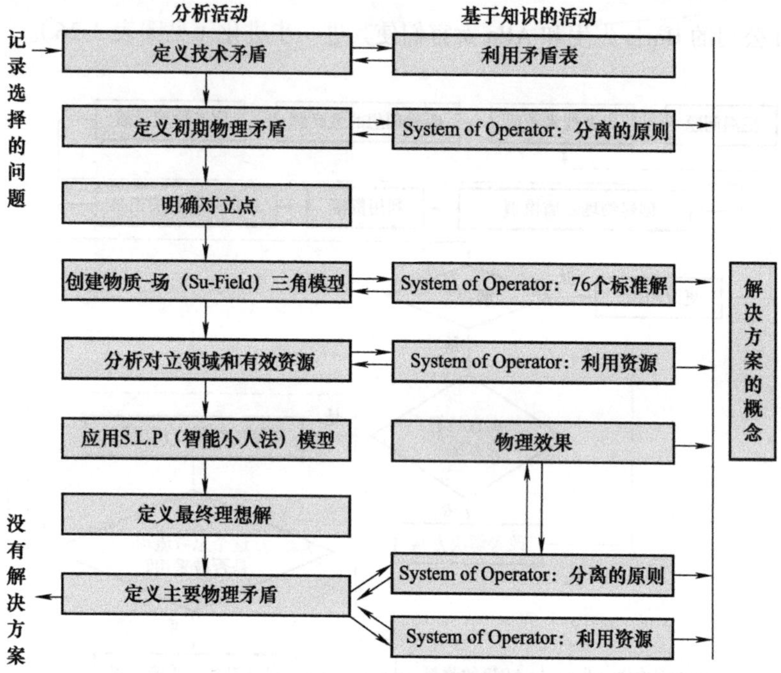

图表 3-27　ARIZ92 的基本流程

注：System of Operator 指导出创意的原则和方法，或是由标准解等命名的名称（II 公司 TRIZ 软件 IWB 中配备）

另外，当年赴美的代表性的日本 TRIZ 顾问和美国研究 TRIZ 的专家曾多次一起研讨，介绍着各自的 ARIZ，特别是在 1999 年举办的第一届 TRIZ 研讨会（位于美国密歇根州诺维市）上，有很多关于 ARIZ 的演讲和论文介绍（见图表 3-28）。

ARIZ 是指 TRIZ 自有的解决问题的算法，下面详细介绍其特征。

图表 3-28　第一届 TRIZ 研讨会（美国密歇根州诺维市）

主要的 ARIZ 相关的演讲和发表

ARIZ 相关的发表主题	发表者	主题概要
Algorithm for Inventiver Problem Solving ARIZ85	Sergei Ikovenko（演讲） Invention Machine 公司 TRIZ 科学家 （苏联出身）	通过介绍根据 ARIZ85C 的步骤（信任级别）进行解决问题并实际商品化的案例（作为幼儿流食的液体）展示 ARIZ 的有效性
The Ideality of products and Contradictions	Zinovy Royzen （演讲和论文介绍） TRIZ 顾问、TRIZ 科学家（苏联出身）	提升产品的研发速度十分重要，对此 TRIZ 是有效的，特别是通过有效使用现有资源迅速解决产品研发直面的对立点时，ARIZ 是（顾问自身精炼后的 ARIZ）强大的武器。其中，他也提到了使用自己研发的 Top Analysis 方法（对 Su-Field 分析和 VE 功能分析的思考结合体）的有效性
Beginner's ARIZ	Janice Marconi （论文介绍） 经营顾问（美国）	ARIZ 是对于解决困难的技术问题非常有效的 TRIZ 流程，但想要轻松掌握 ARIZ 并不是件简单的事情。在此，Janice 介绍了即使对于初学者也有效的 ARIZ 框架（架构）

① ARIZ 的特征之 1——以提升技术系统的 Ideality（理想性）为目标的思考流程

$$\uparrow I\,(\text{Ideality}) = \frac{\sum Ui \uparrow}{\sum Hj \downarrow}$$

Ui：Useful Effects（有益功能 / 作用）：包括所有通过技术系统发挥功能而产生的有价值的结果。

Hj：Harmful Effect（有害作用）：包括技术系统的成本、系统占据的空间、系统消耗的燃料、噪声、废弃物等。

技术系统明示着要增加有益作用 *Ui*，减少有害作用 *Hj*，在 ARIZ 中设定理想最终解（*Ui* 增大，*Hj* 为 0）的概念，以实现这个理想为目标。

② ARIZ 的特征之 2——目标是解决复杂问题的矛盾（Contradiction solving）

解决"矛盾 Contradiction（技术矛盾和物理矛盾）"是 TRIZ 的特征之一，ARIZ 是解决单纯依靠 TRIZ 的标准技巧（矛盾矩阵和分离法则）无法解决复杂问题的矛盾时有效的思考流程。

③ ARIZ 的特征之 3——目标是解决现有资源的有效利用问题

ARIZ 推动解决问题时，不是将导入新资源（如购入新材料和设备等）作为前提，而是将有效利用现有资源（现有材料和设备等）作为大前提。并且，这里列举的现有资源的概念非常广泛，乍一看可能会被认为有害作用的东西（如噪声和周边的废弃物等）也包含在了现有资源中，但事实上要积极思考如何充分利用各种资源。因此，在 ARIZ 的分析阶段正确把握现有资源并抛弃固有观念是十分重要的。如果可以像这样有效地使用现有资源，如减少从外部追加新部件等，就可以避免技术系统的复杂化，最终提升理想性。

2. ARIZ 的发展历程

ARIZ 是解决所有问题的算法，正如之前所述，Altshuller 自己花了约 20 年时间反复进行“ARIZ 的开发设计→基于实践的验证→修正（ARIZ 的升版）→基于实践的验证→修正（ARIZ 的升版）……”实践性地开发 ARIZ，因此 ARIZ 存在众多版本。但是，众所周知 Altshuller 自己制作的最终版本是 ARIZ85C（见图表 3-25）。

虽然，Altshuler 自己把 ARIZ85C 定位为完整版，但其学生和朋友（指在苏联各地独自设立的 TRIZ 学校中充分学习 TRIZ 的专家）在那之后继续了对 ARIZ 的改良，使 ARIZ 变得更加精炼。

从官方的角度而言，Altshuller 在 1989 年 10 月的 TRIZ 协会首次理事会上正式认可相关人士对于 ARIZ 的研究，可以说正式开始了 Altshuller 之外的 TRIZ 专家对 ARIZ 的精炼化。另外，代表性的版本还有 ARIZ-SMVA91 等，开始探讨 TRIZ 的计算机化，以及和其他管理技术（VE 等）的融合。

3. 使用 ARIZ 的案例学习

ARIZ 存在多种多样的版本，所以在最初必须决定要使用哪个版本来解决问题。但是，普遍都认为开发年份新的更具效果，因此一般较多地介绍使用 ARIZ85C（Altshuller 的最终版本）的案例。但是，版本越新的 ARIZ 越复杂，其实施步骤的数量也就越多，所以案例学习以介绍“信任级别”的步骤较多。

ARIZ85C 的详细级别由约 60 个步骤构成，但实际的案例学习是介绍信任级别。例如，第一届 TRIZ 研讨会：TRIZCOM99 in NOVI 3. 7-9，IM（Invention Machine）公司的 Sergei Ikovenko 介绍关于解决给予幼儿流食的成套技术课题时运用 ARIZ85C 的案例也在信任级别的步骤中。

在本节中不介绍 ARIZ85C，而介绍其后精炼化的在 Altshuller 之后代表 ARIZ 的 ARIZ92 II（Ideation International）公司的 TRIZ 专家进行精炼的 ARIZ）的信任步骤的案例。

另外，ARIZ92 的信任步骤的流程图如图表 3-25 所示，下面一边介绍各步骤的概要，一边通过案例对各步骤进行解释。

［案例］药液玻璃管的制造过程

某药品公司的产品制造过程中存在严重的问题。为了封住充填药液的小玻璃管的头部，给其施加强火进行封口，但受热的影响，玻璃管中药液的质量会劣化。反之，为了防止药液质量变差而不得不使用弱火，这样一来，虽然药液质量可以保证，但密封性会变差。

步骤 1：技术矛盾的定义

将问题点定义为技术矛盾。

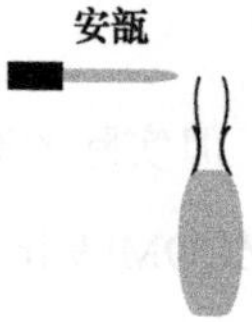

TC1：
加强火焰可以封住小玻璃管，但药品的质量会劣化。

TC2：
削弱火焰可以保证药品的质量，但小玻璃管密封性变差。

这里构思创意时，为了解决矛盾使用“技术矛盾矩阵表”（见第 3 节）。在这个阶段，如果产生了令人满意的创意即可终止，但如果经过判断还没有解决本质问题，则进入下一个步骤。

步骤 2：初期物理矛盾的定义

如果未能通过技术矛盾矩阵表推导出好的解决方案，则尝试将这个问题转换为物理性问题。

> （为了充分给小玻璃管封口）希望火焰强，但（为了防止药品质量劣化）火焰必须弱
>
> PC：希望火焰强，但同时火焰必须弱

为了构思创意，使用“分离的原理”（见第 3 节）。虽然期待这里构思的创意是创新性的解决方案的概念，但如果没有得到期望的创意或创意本身没有足够的效果，则进入下一个步骤。

步骤 3：明确对立点（conflict）

具体限定成为引出 PC（物理矛盾）原因的对立点（对立领域）。

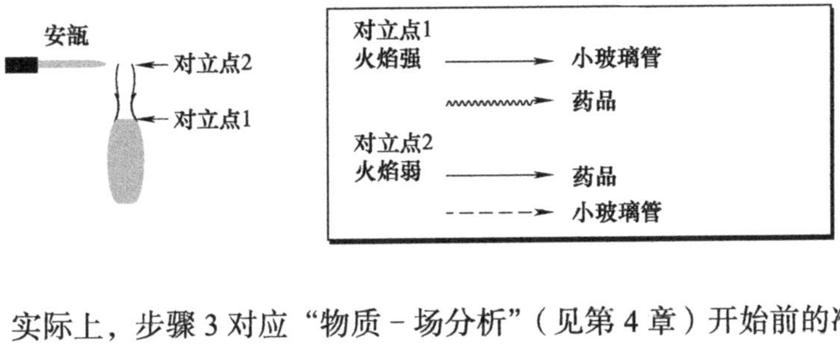

实际上，步骤 3 对应“物质 - 场分析”（见第 4 章）开始前的准备

步骤。再说得详细点就是，通过解决步骤 2 中定义的物理矛盾，可以锁定对立点，通过对立点这一把握问题的独特观点可以实现“物质 - 场三角模型”对问题的描述（基于笔者经验判断，如果对 TRIZ 方法不那么熟练，很难一下子使用物质 - 场三角模型描述问题的本质）。

步骤 4：创建物质 - 场（Su-Field）三角模型

在步骤 3 明确对立点的前提下，重新通过“不充分的有益功能（UF）”和“有害作用（HE）的发生”的观点审视问题点，并在正确把握物质 S1、物质 S2 和能量的场（Field）后，将问题点置换到物质 - 场三角模型中。

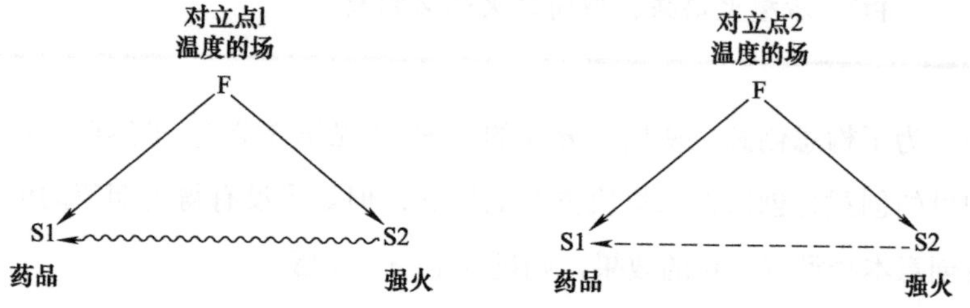

然后，从该模式中导出可用于解决方案的标准解（已知共有 76 种模式）后，用类比思维对问题解决进行构思创意。

步骤 5：对立领域和有效资源的分析

因为步骤 3 中已经明确对立点，所以此时对立领域大多也已明确，但如果一定要说对立领域和对立点的区别，则对立领域指的是实际发生对立的物理场所。所以，把握对立领域内存在的资源对于之后导出有效解决方案也是非常重要的工作。

并且，有效资源是指对于增加有益功能（UF）、减少有害作用（HE）有帮助的资源，为了从多个维度都不产生资源掌控漏洞，需要全方位控制资源（乍一看认为有害，但有时也会在对立领域内起到降低有害作用和增强有益功能的作用，因此即使是垃圾也有可能变为有效的资源，这种见解是 TRIZ 中非常重要的思想）。

> 可以利用的资源（对于对立领域 1）：空气、热、水等
> 可以利用的资源（对于对立领域 2）：空气、火焰等

如果在这个阶段依然无法得到满意的创意，则继续进入下一个步骤。

步骤 6：应用 S.L.P（智能小人法）模型

S.L.P 模型是根据拟人化方法来构思创意的方法，是类似类比法（代表性的创造技法之一）的主观类推法（将人类的感情移入想要改善或研发的产品中，通过类比联想构思创意的方法）。

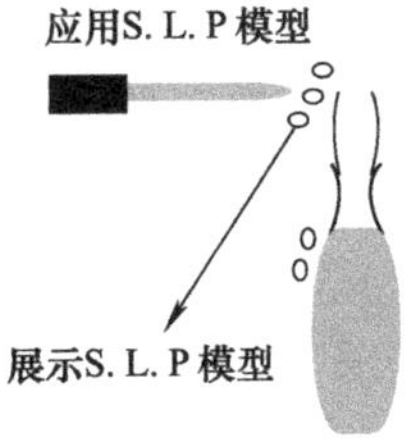

虽然，很难说这种技术是 TRIZ 固有的技术，但它确是 ARIZ 中经常运用的思考方法。将 S.L.P 和步骤 5 中明确的对立领域的构成要素及资源进行对比，并联想 S.L.P，通过不惜自我牺牲的行动导出理

想结果（完全没有问题、根本解决物理问题的状态）的姿态，尝试用S.L.P 活动图的形式展现其结构。

对于不擅长绘画的人来说，这可能是很难的操作，但如果可以画好，则可以成为有效把握问题本质的技巧。

步骤 7：最终理想解的定义

至今为止的有害要素（如强火），通过可利用资源（如水和空气等）和 S.L.P 行动，可以发挥和现在不同的作用。如果可以用步骤 6 的 S.L.P 模型的活动图描绘这种状况，则更容易定义最终理想解（Ideal Final Result，IFR）。

最终理想解：保证药品的质量，封口完美

步骤 8：主要物理矛盾的再定义

将最终理想解在这里过渡为物理矛盾。如果对比过渡后的物理矛盾与初期的物理矛盾，发现了更为本质的参数（如本案例中火焰变更为热），则这里再定义的物理矛盾比初期物理矛盾精度更高，变得更加详细。

在这里，可以再次利用“分离的原则”和“效应”（特别是物理效应等）构思创意。

（为了充分给小玻璃管封口）希望有热，但（为了防止药品质量劣化）不希望有热

PC：希望有热，也不希望有热

一个答案（创意）

> 将装有药品的小玻璃管的一部分提前浸在水中

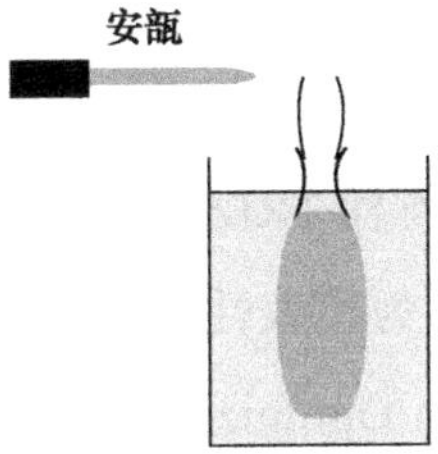

3.7 当代TRIZ概要

ARIZ的特征被当代TRIZ的象征——“TRIZ软件”[特别是Ideation International公司的IWB（Innovation Work Bench）等]所继承。

因此，本节将介绍当代TRIZ（不局限于TRIZ软件的广义概念）的诞生经过，以及作为代表性TRIZ软件的“TOPE”（Invention Machine公司研发的Tech Optimizer）和“IWB”（II公司研发）的特征。

1. 当代TRIZ的演变

ARIZ85C之后的ARIZ由Altshuller以外的TRIZ专家（多是接受过Altshuller指导的学生和朋友们）进一步反复升级，特别是ARIZ-SMVA91引领了TRIZ的计算机化，更是融合了在西方诞生的其他管理技术（VE等），因此可以说ARIZ-SMVA91是当代TRIZ的先驱。并且，在ARIZ-SMVA91之后，当代TRIZ也由众多TRIZ专家继续研究直至今日。

关于ARIZ-SMVA91的研发特征整理如下。

ARIZ-SMVA91（E）的名字由来及其特征

在1991年1月克西诺夫TRIZ学校主办的会议上发表的ARIZ的新版本，以ARIZ85C为基础，同时融入了未来的计算机化概念，由以机械化（M：machine）为意图的版本（V：

> version）的剧本（S：scenario）构成。
>
> 但是，实际以适用于计算机为目标进行软件化需要很长时间，所以考虑融入手动操作来改造（A：adaptation）当初的剧本，并将其称为 ARIZ-SMVA91（E）。最后的（E）指的是实验版本（Experimental version）的意思（大约在 1991 年定位为实验版本）。

ARIZ-SMVA91 最初就是因为考虑进行计算机软件化而研发的，之后随着 ARIZ 进一步发展，再加上和西方诞生的管理技术（VE 的 FAST 方法等）进行融合，由克西诺夫 TRIZ 学校出身的 TRIZ 专家们（Alla Zusman、Boris Zlotin、Vladimir gerasimov 等）制作成软件。现在他们仍活跃于 II 公司（美国），是其 TRIZ 专家。

该 TRIZ 软件就是现在的 IWB，日语版的 IWB 于 2000 年 6 月发布。IWB 的主要特征将在后面进行介绍。

另一方面，另一家 TRIZ 相关的大型咨询机构 IM 公司（美国）一边利用古典 TRIZ 的代表性方法（以矛盾矩阵表和效应为核心，加上物质 - 场分析及进化模式等），一边严格甄选过去的专利数据并将其制作成数据库导入 TRIZ 软件中，使这个知识数据库逐渐变成一个大型数据库。它们的 TRIZ 软件是 TOPE。

如此大幅实施 TRIZ 计算机化的 TRIZ 相关团体目前只局限于上述两家公司。

但是，其特点大不相同，也许是笔者主观的看法，II 公司的 IWB 虽然基于专利案例进行数据库化，但“其最大特征是在最大限度尊重

ARIZ 的算法特征的同时，也积极引入了 VE 的功能分析和 QC 的因果关系思考，给实践性问题解决的工作计划注入力量”。也就是说，它给作开发为问题解决思考方法的 TRIZ 注入了力量。

与此相对，IM 公司的 TOPE 也引入了 VE 的功能分析的思考方式，也具备和古典 TRIZ 的物质 - 场分析相融合的产品分析和流程分析（笔者认为有和制造阶段的 VE 功能分析类似的点）这样的问题分析工具，但“其最大特征是下载了大量具有过去代表性的专利案例，是一款充实度很高，可以很方便地找到鲜明且易懂的专利案例的专利数据库软件”。

另外，即使没有进行 TRIZ 的软件化，也可以谋求和其他技术管理方法（特别是以 VE 为核心的 QC 和 FMEA 等）进行融合，使 ARIZ 的步骤精炼得更具实践性。除 II 公司，现在还有许多 TRIZ 专家（来自 TRIZ 咨询公司和大学）也在积极进行 TRIZ 精炼化的研究和研发。

2. TRIZ 软件的特征

在当代 TRIZ 中，与“TRIZ 的新方法开发（具体指古典 TRIZ 的各种方法和其他技术管理方法的融合）”一样，“方法自身的计算机化”也占据着很重要的位置。因此，本书系统地梳理了作为当代 TRIZ 的象征性存在的 II 公司和 IM 公司软件自身的特征。

IM 公司的 TRIZ 软件如图表 3-29 所示，由多个模块构成。

II 公司根据公司内部的 TRIZ 专家们（Alla 和 Boris 等）活用 ARIZ 的特征（见图表 3-30），将 ARIZ 特有的复杂且繁多的步骤浓缩成 5 个步骤，构成以“问题解决工作计划的 IPS（Inventive Problem

Solving)”为核心的 TRIZ 软件。ARIZ 的特征和 IPS 的关联整理如下。

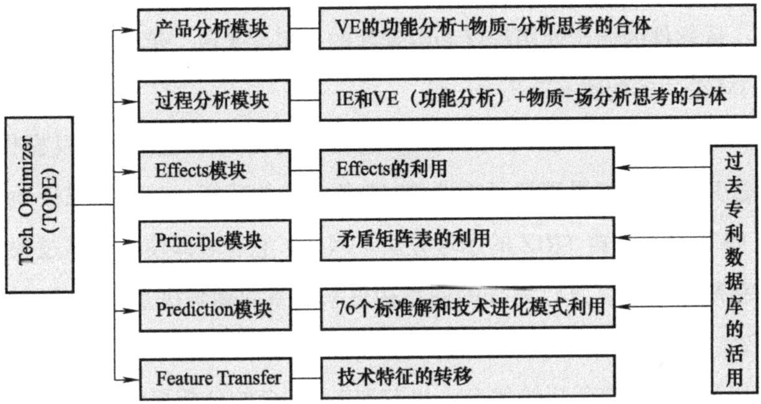

图表 3-29　IM 公司版本 TRIZ 软件 TOPE 的构成

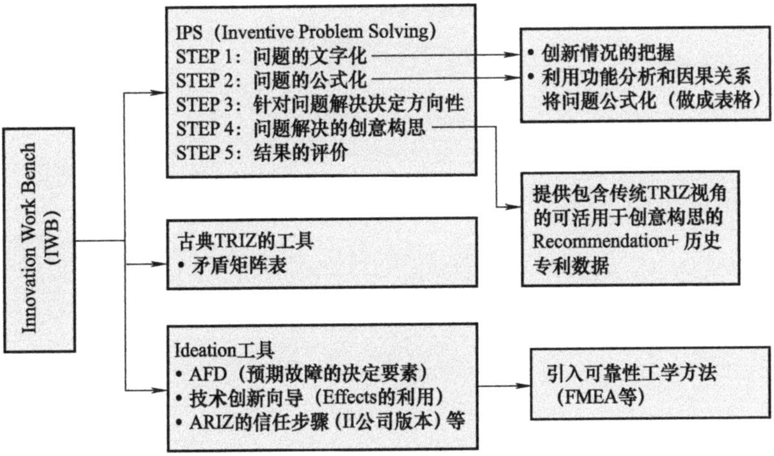

图表 3-30　II 公司版本 TRIZ 软件 IWB 的构成

从图表 3-29 和图表 3-30 整理的构成图可知，虽然同为 TRIZ 软件，但是IM公司版本的TOPE和II公司版本的IWE的构成是有很大差异的。

从软件的便于使用程度和数据库的充实度来说，笔者主观的感受是IM公司的配置有待提升。

但是，虽然II公司的IWB因其复杂的构成，刚开始难以操作，不过其强项是如果理解了古典TRIZ各方法的特征，就可以积极地采纳IWB原本古典TRIZ的思考方法。因此，它有着即使不依靠过去的专利数据也可以进行充分的创意构思来准备问题解决步骤（IPS）的长处。请允许我再次赘述，这里的IPS是将古典TRIZ各方法的思考方法和ARIZ特征巧妙融合，也与VE和QC的分析思考结合，是一个独特的问题解决步骤。

3.8　TRIZ 和 VE 的有效组合方式

TRIZ 的引入有着不同的情况，一种是与企业至今一直习惯使用的其他技术管理方法不关联，即企业不考虑自身情况，直接引入 TRIZ 并强行运用；除此之外，也存在着在已经使用的技术管理方法中融入 TRIZ，并活用 TRIZ 的企业（也就是说，有着将现有方法和 TRIZ 组合并有效发挥其经验这一想法的企业才是更有生机的）。

因此，本节将提出可以很好地用于产品研发设计的问题解决的 VE 和 TRIZ 的有效组合，并进行具体介绍。

1. 关于 TRIZ 和 VE 的组合

从“在 VE 活动中模块式地融入 TRIZ 方法进行活用”这一观点来阐述 TRIZ 和 VE 的组合方法。VE 按照适用阶段分类可以分为 3 个阶段，如图表 3-31 所示。VE 工作计划和可以使用的 TRIZ 方法及其相关如图表 3-32 所示。

因此，下面简单总结在不同阶段的 VE 适用 TRIZ 每个方法的可能性。

在任何 VE 活动中，TRIZ 的各方法都很有可能被有效使用。但是，如果想在 VE 活动中更有效地使用并落地 TRIZ，就需要积极融合当代 TRIZ 代表性的 TRIZ 软件工具（特别是通过近似 VE 功能分析的思考方式的构思来找出问题解决方向的 Ideation International 公司制作的 IWB，以及有充实的效应功能等的以知识数据库为长处的 Invention Machine 公司制作的 TOPE 等软件），并且充实 VEP（Value

Engineering Process：VE 工作计划的基本步骤）的创造阶段（见图表 2-9）。

图表 3-31　适用创造阶段的 VE 活动

VE 的适用阶段	活动内容
策划阶段的 VE（0 Look VE）	正确把握顾客"要求什么""认可什么的价值"，建立满足这些要求的策划方案过程中的 VE
开发设计阶段的 VE（1st Look VE）	基于已经立案的策划内容，创造满足应实现功能和目标成本的高价值的构想设计方案，最终精炼为详细设计图纸过程中的 VE
产品改善阶段的 VE（2nd Look VE）	再次确认目前制造并上市的产品应发挥的功能，基于这些功能，制作更高的价值替代方案过程中的 VE

图表 3-32　VE 工作计划和可以使用的 TRIZ 方法及其相关

VE 的适用阶段	活动内容
策划阶段的 VE（0 Look VE）	古典 TRIZ 的方法
	在策划书立案的过程中，特别是在研发产品的定位和把握市场规模方面，不仅要使用现有的营销方法，还要充分使用 TRIZ 的技术进化模式
	当代 TRIZ 的方法
	II 公司：将技术进化模式进一步分层化的 DE（Directed Evolution，现在只有英文版本）对于制作未来的新产品策划的脚本是有效的。IWB 的 System of Operator 中的技术进化模式也对构思策划案的创意有效 IM 公司：TOPE 的 Prediction 模块在寻找未来的产品策划案方面是有效的
研发设计阶段的 VE（1st Look VE）	古典 TRIZ 的方法
	为了实现顾客要求的功能而构思创意时，不仅是以往的 BS 法（头脑风暴法），从使用对实现功能有效的自然科学现象这一观点而言，TRIZ 的 Effects 也是有效的

（续）

VE 的适用阶段	活动内容
研发设计阶段的 VE（1st Look VE）	当代 TRIZ 的方法
	II 公司：IWB 的 IPS（Inventive Problem Solving）和 System of Operator 是有效的。AFD（Anticipatory Failure Determination，仅限英文版本的软件）在保证产品可靠性方面是有效的 IM 公司：TOPE 的 Effects 模块和 Feature Transfer 是有效的
产品改善阶段的 VE（2nd Look VE）	古典 TRIZ 的方法
	从产品改善的观点出发，以功能为核心构思创意时，BS 法之外 TRIZ 的效应集也是有效的。并且，在创意具体化阶段讨论克服缺点环节时，矛盾矩阵表和分离的原则也是有效的
	当代 TRIZ 的方法
	II 公司：IWB 的 IPS 和 System of Operator 是有效的。改善可靠性方面 AFD 也是有效的 IM 公司：TOPE 的 Effects 模块和 Prediction 模块是有效的

2. 通过 TRIZ 和 VE 的组合可以期待的效应

下面介绍在实际业务（产品开发和产品改善活动等）中通过在 VE 方法中融入 TRIZ 获得的具体效果。

事实上，笔者已经在汽车相关行业和住宅相关行业为主的制造业实施了将 VE 方法和 TRIZ 方法组合的咨询服务。因此，在这里仅阐述在实际咨询服务中确认的效果。

① TRIZ 方法在 CR（降低成本）活动中有效利用的效果

产品改善阶段的 VE（2nd Look VE）是通过针对现有产品的再设计，去除设计上的浪费（不需要的部件等），维持质量的同时降低剩余成本的活动。

也就是说，对于VE而言这是一种通过较小变更带来价值提升的活动。在这样的活动中引入TRIZ方法，可以切实得到降低成本等经营层面的具体效果。

具体而言，在以功能为主的构思创意阶段（对应VE工作计划的创意构思步骤），构思对降低成本有效创意时不应单纯依靠BS法（头脑风暴法），通过使用TRIZ的“效应”（TRIZ软件中II公司的IWB的技术创新指南，IM公司的TOPE的Effects模块），可以从一开始就在某种程度上实现有技术支撑的创意构思。

并且，在进行创意缺点对策的具体化阶段（对应VE工作计划的具体化步骤），如果能够掌握某个创意中有可能会发生的技术矛盾或物理性矛盾，就可以通过使用矛盾矩阵表和分离的原则，这可以比原来的VE方法更合理地实施缺点对策。

实施以上的活用方法，就可以在降低成本的活动中期待TRIZ方法发挥充分的效果。

② TRIZ手法在VE项目获得的提速中可以有效利用的效果

VE活动的大前提是通过任务导向项目（TFP：Task Force Project）的方式进行，集结各个领域的专家（策划部门、开发设计部门、生产技术部门、成本管理部门、采购管理部门等的专家）推进活动是大前提。理论上，可以期待产生协作工程的效果和速度提升的效果，但因为创意构思阶段的前提是BS法（头脑风暴法），所以不管集结多少专家挣脱心理惰性都是不容易的。但是，如果在创意构思阶段使用TRIZ方法，打破心理惰性也会变得相对容易，从一开始就获得高质量的创意的概率也提升了。这在结果上使 VE 具体化阶段的活动得以提升速度。

③ 期待的其他效果

在熟悉 VE 分析方法功能分析的思考方式后，融入 TRIZ 方法，特别是使用反推技术词典作用突出的 Effects，可以期待比以往 VE 活动产生更合理的（没有浪费）创意构思。

并且，作为当代 TRIZ 象征的 TRIZ 软件的分析方法（II 公司的 IWB 和 IM 公司的 TOPE 等）也在人们习惯了 VE 的功能分析思考方式后才更容易掌握。究其原因，是因为 TRIZ 软件的分析方法是在以往的 TRIZ（古典 TRIZ）中融合了 VE 功能分析的思考方式后研发的方法。

因此，如果在单独使用 TRIZ 解决实际课题遇到困难时，可以尝试在 VE 活动中模块式地融入 TRIZ 方法，这将是一种有效的手段。

第4章

实践篇：基于 VE/TRIZ 的产品研发方法

4.1 以研发高价值产品为目标的 20 个实践步骤

提倡的实践步骤基本上是以使用图表 3-31 中的 TRIZ 方法为目的，关于本次介绍的案例主要来源于 II 公司的 TRIZ 软件 IWB。

虽然，在实施步骤的前半（对应步骤 1 ~ 6）使用了技术进化模式，但实际的开展步骤是在 II 公司提倡的基本步骤的基础上进行的，笔者将其在一定程度上创建为适用于日本的模型，其关系整理为图表4-1。另外后半的活动流程（步骤 7 ~ 21）对应“产品研发VE”。

将图表 4-1 所示的实践步骤代入新产品研发流程的整体流程图中并进行整理，如图表 4-2 所示。另外，这里的整体流程图将阶段 3 的设计方案制作阶段分为“构想设计层级”和“基本设计层级”（更具体地讨论设计方案的层级）2 个阶段，之后更是将应该称为阶段 4 的“业务计划阶段”也网罗在内。因此，要以更广阔的范围理解新产品研发活动，基本上 DR（Design Review）要配合相应阶段实施 4 次（见图表 4-3）。但是，根据对象产品的规模（当然也多有增减 DR 实施次数的情况发生），实施 4 次不过是一个参考目标。

并且，本章所介绍的实践步骤也仅仅局限于图表 4-1 整理的范围内。

图表 4-1　产品研发活动的实施阶段

<table>
<tr><td colspan="2" rowspan="6">阶段 1
技术进化模式</td><td>步骤 1 研发主题相关的信息收集</td></tr>
<tr><td>步骤 2 对象系统相关的发展过程的整理
（过去 ~ 现在）</td></tr>
<tr><td>步骤 3 对象系统相关的发展过程的整理
（现在 ~ 未来）</td></tr>
<tr><td>步骤 4 技术进化模式的地图</td></tr>
<tr><td>步骤 5 对象系统未来概念的研发——绘制剧本</td></tr>
<tr><td>步骤 6 对象系统各概念方案（剧本）的评价</td></tr>
<tr><td rowspan="15">产品开发 VE</td><td rowspan="7">阶段 2
产品策划阶段的 VE
（0 Look VE）</td><td>步骤 7 研发新商品的定位</td></tr>
<tr><td>步骤 8 把握市场规模</td></tr>
<tr><td>步骤 9 明确顾客形象</td></tr>
<tr><td>步骤 10 梳理顾客的要求事项</td></tr>
<tr><td>步骤 11 决定商品的基本规格</td></tr>
<tr><td>步骤 12 决定销售价格和允许成本</td></tr>
<tr><td>步骤 13 商品策划书的立案</td></tr>
<tr><td rowspan="8">阶段 3
研发设计阶段的 VE
（1st Look VE）</td><td>步骤 14 定义策划要求功能</td></tr>
<tr><td>步骤 15 梳理策划要求功能</td></tr>
<tr><td>步骤 16 设定研发设计目标成本</td></tr>
<tr><td>步骤 17 构思研发设计基本构想的创意
（使用 TRIZ）</td></tr>
<tr><td>步骤 18 评价研发设计基本构想的创意
（粗略评价）</td></tr>
<tr><td>步骤 19 具体化并组成研发设计的基本构想</td></tr>
<tr><td>步骤 20 评价和决定研发设计基本构想方案
（使用 TRIZ）</td></tr>
<tr><td>步骤 21 探讨和立案研发设计规格书（基本构想图）</td></tr>
</table>

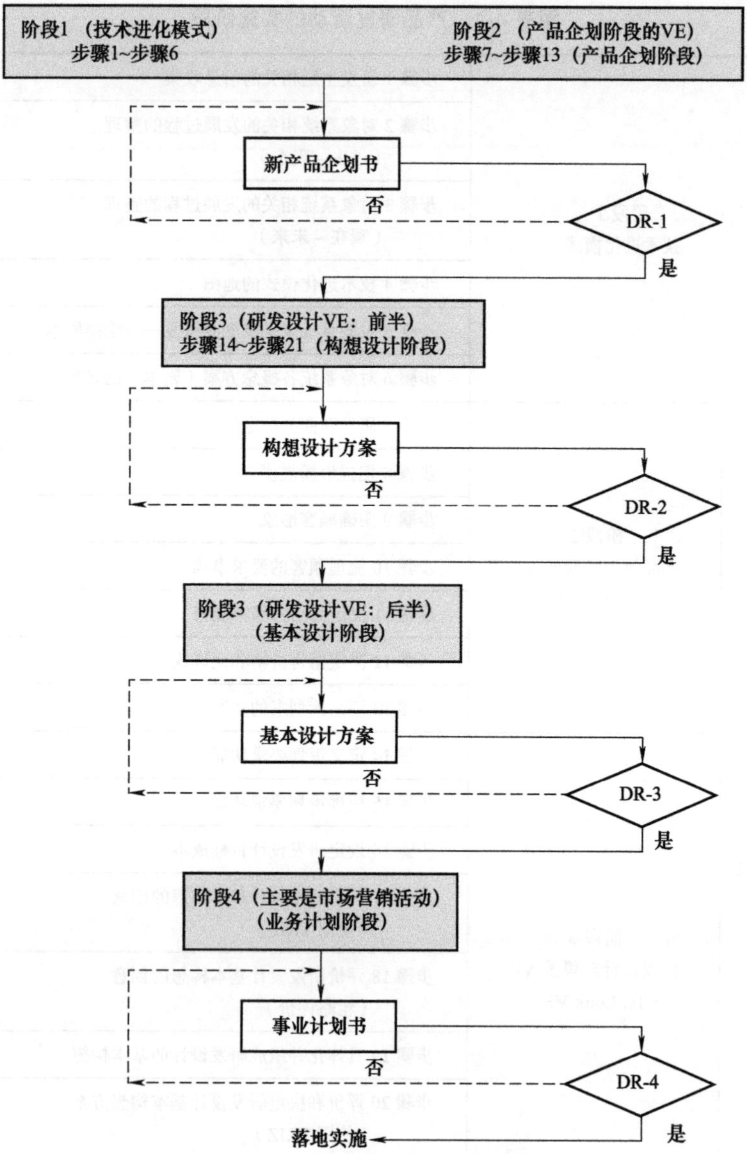

图表 4-2　新产品研发的整体流程

图表 4-3　新产品研发活动中各 DR 的概要

新产品研发活动的各阶段	开展 DR 的目的	主要参与者
DR-1 新产品策划阶段	为了认可新产品的高附加值的策划方案的评审活动	各项目成员（策划和开发、产品设计、外观设计、营销、成本管理等），业务部长，研发和设计部长，销售部长等
DR-2 构想设计阶段	为了构想设计方案和已承认策划书的匹配性的评审活动	各项目成员，研发和设计部长等
DR-3 基本设计阶段	为了精炼构想设计、将基本设计方案具体化的评审活动	各项目成员，研发和设计部长，生产相关部门部长等
DR-4 事业计划阶段	为了建立设计方案投入市场时最适合的业务计划的评审活动	各项目成员（策划和研发、产品设计、外观设计、营销、成本管理等），业务部长，研发和设计部长，销售部长等

4.2 活用技术进化的模式（第 1 阶段）

在日本住宅相关的厂家 C 公司进行实验，主题如下：

（主题）

考虑住宅中需要用水部分的环境和人体因素包含在内的控制板类型

下面主要介绍将本次建议的实施步骤（见图表 4-1）运用在上述主题进行实验的相关内容。

步骤 1：研发主题相关的信息收集

此步骤从各种角度收集与研发主题相关的信息。实际上，它是使用 II 公司研发的“信息收集的问题表（IPQ：Ideation Process Questionnaire）”进行信息整理的。这个问题表中随处可见使用技术进化模式去思考的场景，它通常也可以整理市场调查分析容易遗漏的技术进化的历史等。图表 4-4 所示为对象系统的信息收集清单。

步骤 2：对象系统相关的研发过程的整理（过去 ~ 现在）

结构性地整理每个对象系统及其子系统或超级系统（处于系统上位的位置）从过去到现在的变迁。使用“系统进化的矛盾矩阵表（见图表 4-5）”整理过去到现在技术进化的历史。

图表 4-4　对象系统的信息收集清单

1. 对象系统的前提条件
考虑环境和人体的用水场所所使用的内部装饰材料，可以在浴室和厨房等使用的控制板类型
2.随着社会变革应进化的对象系统相关的信息
1）对象系统名称：环境对应型控制板
2）系统的基本有益功能：对人体无害
3）系统的其他有益功能：强耐水性、外观干净、隔音、耐热耐寒等
4）系统的历史：
按照从过去到未来的时间顺序整理住宅使用的控制板类型的变迁
材质的变迁：木头 ——→ 砖 ——→ 化妆板（使用溶剂涂料的类型）
（耐水）　（施工性）
（耐久）　（接缝脏）
↘ 钢板（设计性）
……………………………………………………
5）系统的其他有益功能
6）系统的历史
7）市场（用户）要求的变化
3.对象系统相关的技术、服务上的缺点和危险要素相关的信息
1）缺点和危险要素的记述
2）为什么会存在这样的缺点和危险
3）这样的缺点和危险会引发什么
4. 系统改良和新一代系统开发相关的以前的尝试/创意
1）为提升系统有益功能的过去的尝试/创意
2）新一代系统开发相关的以前的尝试/创意
3）为排除和减少系统缺点和有害要素的以前的尝试/创意
5. 相关系统的信息
1）包含使用环境的对象系统相关的系统清单
2）和对象系统发挥同样功能的其他系统清单
3）和对象系统存在于不同市场的类似系统相关的清单等

具体操作是记述认为符合矛盾矩阵表各单元格的技术系统、其子系统或超级系统。

活用步骤 1 问题表记述的内容（如这个步骤第 2 项的内容等）。当然，各单元格记述的内容不仅限于一个，如果有多个就全部进行记述。

图表 4-5　控制板相关系统进化的矛盾矩阵表（部分）

系统名称	Past（过去）	Present（现在）	Future（未来）
超级系统	厨房：个别厨房 → 洗漱台：洗脸器 → 浴室：铁锅澡盆 ↓ 瓷砖浴室 ↗	系统厨房 → ↓ 对面厨房 ↓ 考虑老年人使用的厨房 洗发功能的洗脸池 ↓ 考虑老年人使用的洗脸池 一体化浴室 ↓ 考虑老年人使用的单元 ↓ 护理浴缸	自动化厨房 家庭桑拿+按摩浴缸
技术系统	控制板：木头 → 瓷砖 → 钢板 石棉瓦板	装饰板 （使用溶剂涂料） 可能不燃 → 不燃 硬度（H）→ 硬度（2H） （20世纪90年代后半）	无溶剂控制板 • 改造性高 • 液晶不燃控制板 • 陶瓷板 ……
子技术系统	木头 → 天然合板 钢板 → SUS钢铁	• 聚酯 ↓ 丙烯酸酯 • 石棉瓦 ↓ 无石棉瓦 • 印版纸 ↓ 印版浸渍纸	无机材料 ↓ 陶瓷 固定剂（黏合剂） ↓ 尼龙粘扣 磁石

注：此表只是概要介绍，在实际项目中会有特别详细的分析。

步骤 3：对象系统相关的开发过程的整理（现在～未来）

参考步骤 2 制作的矩阵表所表述的从过去到现在变迁的分析结

果，对未来也进行结构性整理。

具体而言，和步骤 2 一样，使用“系统进化的矩阵表”（见图表4-5），整理从现在到未来技术进化的历史。

回顾各个对象系统或其子系统又或其超级系统（处于系统上位的位置）从过去到现在的历史，创造未来（是本案例预想的之后的10 年）的对象系统，同时进行子系统和超级系统相关的创造。

在步骤 1 的问题表中记录的问题如果能够使用也转载到此（如这个步骤的第 4 项内容）。然而，在步骤中对未来进行思考时，也不能盲目地执着于问题表所记述的内容，还要参考“IWB 的技术进化模式”，尝试进行更广泛的创造创意。

步骤 4：技术进化模式的地图

把前一步制作的系统进化矩阵表的内容对照各个技术进化的模式，和技术进化模式进行匹配。当然，本案例不会拘泥于一个技术进化的模式，如果有多个模式适用，也会毫无遗漏的全部记录。部分技术进化模式如图表 4-6 所示。

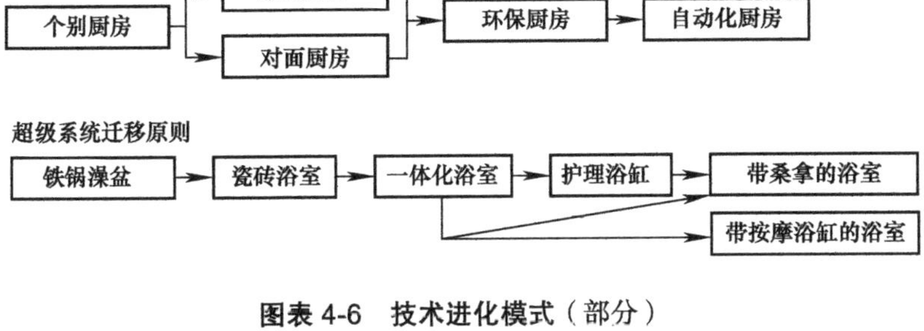

图表 4-6 技术进化模式（部分）

步骤 5：对象系统的未来概念研发——绘制剧本

参考在上一个步骤中制作的技术进化匹配模式图，制作多个关于对象系统的剧本。具体而言，就是使用各个技术进化模式，探讨和未来各个事件的组合，再以各个组为单位进行剧本制作。然而，本案例以多个已经明确的基于模式匹配图得出的未来事件为素材，和各个未来事件进行组合，并在思考彼此独立性和矛盾性的基础上进行制作。

但是，各个组合案例中使用的未来事件是以 3 个阶段（子系统、系统、超级系统）分类的，所以必须谨记要使用所有层面的未来事件来探讨组合方案。

本案例的一部分剧本如图表 4-7 所示。

图表 4-7　案例的制作过程及其评价

	A 案例	B 案例	C 案例
	随着厨房自动化时代的到来，减少麻烦这个概念也已经深入到住宅中。所以，不断推进更轻松、容易清扫和维护的 在这样的大环境下，住宅用面板也出现了自主维护	卫生间内已经实现了自动清洁，使给须看护人用的卫生间的清洗变得轻松 这也揭示了未来用于自动出水的地板和墙壁（用水去除污渍）。 还是在这样的环境变化中，自主维护已然登场	让洗澡变得更加舒适的需求不断增强 在这样的环境下，家庭桑拿和气泡冲浴已经融入家庭浴室的概念，所以有些人已经在享受泡澡带来的乐趣了。把以前的公众浴室的风景画变成更加鲜明的动画 在这样的背景下，粘贴液晶（不燃）版面的需求也不断提升
技术上的约束（重要 ×2）	4 × 2=8	3 × 2=6	4 × 2=8
投资规模	3	3	2
环境	5	5	2

（续）

	A 案例	B 案例	C 案例
法律法规	4	5	3
市场性	4	5	2
企业收益性	4	3	5
综合点	28	27	22
优先顺序	1	2	3

本案例的评估尺度也只是设想中的 1 个，实际的项目会设定更详细的评价科目，实施更严密的评估方法。

步骤 6：对象系统各概念方案（剧本）的评价

针对各个方案实现的可能性，从技术上的约束、经济上的投资规模、法规的规则等评价基准进行评价，最终选择最有期待价值的方法。然而，在评价时从多个的概念方案（剧本案）中，谨记通过团队来选择最合适的方案。特别是设定未来相关的评价基准，必须注意要基于这个评价基准进行评价。

本案例的评价结果和之前步骤相结合整理为了图表 4-7。

步骤 7：对象系统的各概念方案（蓝图）的评价

通过技术性制约、经济性的投资规模、法规上的约束等评价基准对各个概念方案的可实现性进行评价，最终选择期待价值最高的方案。除此之外，在评价时，通过团队的共同的努力从多数的概念方案（蓝图）中来选择最适合的方案。特别要注意设定未来可能存在的评价基准，要基于这个评价基准进行评价。

本案例的评价结果和之前步骤相结合整理为了图表 4-5。

4.3 产品策划阶段的 VE（第 2 阶段概要）

第 2 阶段对应产品策划阶段的 VE（0 Look VE），目标是把在第 1 阶段案例的剧本进行业务化，是把剧本内容提升到合适的产品策划书级别的详细化阶段。

更详细地，“从产品化剧本和基于市场观点追加的市场（客户）信息出发，明确作为产品研发所必须兼备的策划需求功能，并设定功能所对应产品的基本规格（性能等）”，把以上融入产品策划书，并设定“实现这些功能所应花费成本”（也就是成本策划活动）。

这一系列的活动和“制作质量功能开展质量表”的本质是相同的，从需求功能和成本的观点实现价值提升这一点是“产品策划阶段的 VE（0 Look VE）的特征”。此外，因为 VE 是功能本位的研究方法，“本项目的产品策划书中不存在展示产品形象的草图（不束缚于物本位的概念），仅是产品的剧本”。从这个一点来看，这也是和原来产品策划书的印象相比比较独特的点（见图表 4-8）。

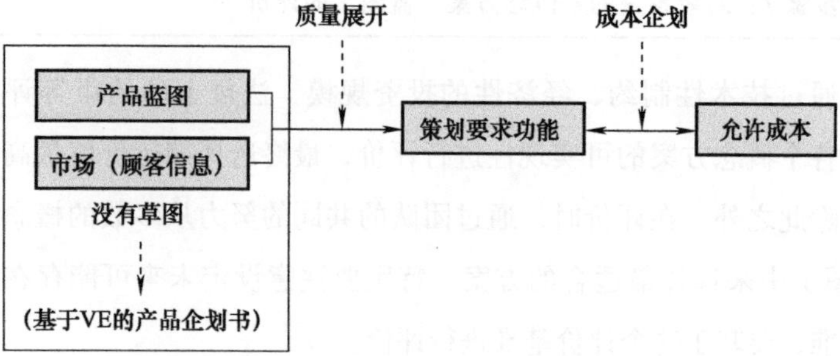

图表 4-8 策划阶段的 VE（0 Look VE）的特征

图表 4-9 所示为基于剧本的产品策划书（案）。

图表 4-9　基于剧本的产品策划书（部分）

<table>
<tr><th>研发新产品的概要</th><th colspan="2">顾客的要求事项</th></tr>
<tr><td>系统：
未来型的厨房板
顾客形象：
住宅厂商
厨房厂商
时期：新建、扩建
应用：不燃装饰板的应用
理由：
容易积攒油污的厨房周围使用不燃的装饰板拥有免维护的功能</td><td>面板使用厂商的要求
• 施工性
• 经济性
• VOC 对策完毕</td><td>最终客户要求
• 保守性
• 嗜好（重视设计）
• 安全性（炉灶的热不会发生火灾）</td></tr>
<tr><td>受众客户：××××</td><td colspan="2">基本规格：××××</td></tr>
<tr><td>设想市场：
别的产品的代替市场</td><td>销售目标：
（第 1 年）××××</td><td rowspan="2">销售计划：
（第 2 年）××××
（第 3 年）××××</td></tr>
<tr><td>销售途径：
直接向住宅厂商销售的途径</td><td>成本目标（直接制造成本）：
××××</td></tr>
</table>

4.4 研发设计阶段的 VE（第 3 阶段）

第 2 阶段的交付物是产品策划书，在策划阶段的 DR（Design Review）认可之后，为了使其成为实现高价值设计方案进入研发设计 VE（1st Look VE）的阶段。

步骤 14：定义策划要求功能

在确认产品策划内容的基础上，用简洁明了的名词和动词来定义策划要求功能。另外，策划要求功能是从第 5 步制作剧本和产品策划书的“研发新产品的概要”和“顾客要求事项”中得出的定义。策划要求功能的定义如图表 4-10 所示。

图表 4-10　策划要求功能的定义（部分）

切断火焰	耐热性
隔绝热量	背面温度 0℃以下
防止浸水	
容易清扫	一年擦拭一次即可
轻松搬运	
保证安全	
保持健康	交付时：0.08ppm 以下（20℃）
外观漂亮	准备 2 种以上外观设计
……	……

步骤 15：梳理策划要求功能

将定义的策划要求功能体系化，用图像的功能系统图展现研发主题所必须实现的必要功能。这个功能系统图是日本研发的方法，在美国研发的 VE 方法中的“FAST（Functional Approach System Techniques）”也可以视为相同的方法。具体而言，就是把定义的各个功能通过“目的 - 手段”的逻辑将相互从属关系体系化（这个功能系统图在 IWB 的 Problem Formulator 中可以简单制作）。

面板的功能系统如图表 4-11 所示。

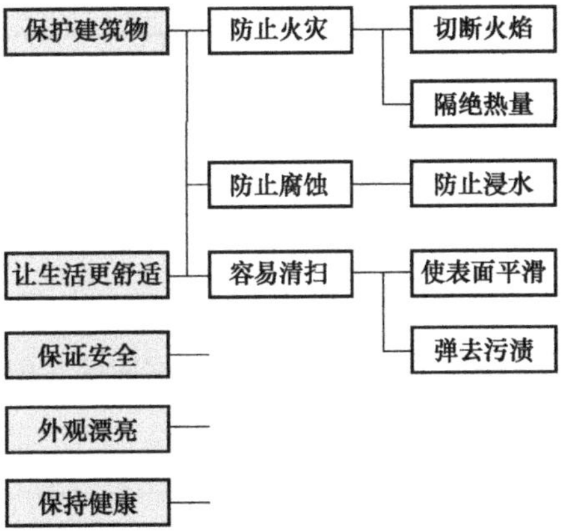

图表 4-11　面板的功能系统（部分）

步骤 16：设定研发设计目标成本

在上一步制作的功能系统图的各个不同功能区域设定目标成本（功能评估值）。通过使用重要度决定方法（AHP 法等）求得各个功能区域的重要度，以求得的重要度为基础设定目标成本。不同功能目标成本的设定如图表 4-12 所示。

图表 4-12　不同功能目标成本的设定

功能领域	不同功能区域的重要度（使用 AHP）	目标成本
F5 保持健康	0.375	○○○日元
F1 保护建筑物	0.313	○○○日元
F2 让生活更舒适	0.125	○○○日元
F4 外观漂亮	0.125	○○○日元
F3 保证安全	0.063	○○○日元

步骤 17：构思研发设计基本构想的创意（使用 TRIZ）

为了能够构思出实现特定功能的创意，须使用功能本位的思维来探讨创意。

VE 基本上是使用 BS 法（头脑风暴法）来构思创意的，但本案例中还结合使用了 TRIZ 软件 IWB 智慧数据库的“创新指南（技术创新）”和“话务员”。

步骤 18 ~ 步骤 19：粗略评价，具体化并组成研发设计的基本构想

在步骤 18 的粗略评价中对在前一步骤中的创造构想（粗略）进行预备评价。这个预备评价是为了看清有望提升价值（经济性和技术性方面的优势）的创意。

在之后的步骤 19 中，从各个功能区域的观点对选择的创意（粗略）进行整理，思考创意的独立和矛盾关系，构建整体的构想设计方案。本案例的整体构想方案最终收缩成了 2 个（清扫性提升型和考虑健康型）。

步骤 20：评价和决定研发设计基本构想方案（使用 TRIZ）

探讨各个构想设计方案的可实现性，决定优先度高的构想设计方案。对各个构想设计方案的优点和缺点进行具体分析，之后对缺点的对策方案进行探讨，看清是否有可以实现的可能性。另外，在这个步骤中，设想方案的实施情况，通过现有的经验和知识（专业知识）预测会发生的后果是非常重要的。除此之外，针对各个缺点的对策方案，通常为了克服技术和经济上的缺点，团队成员间相互的专业知识的结合也是不可或缺的，本案例在这个阶段使用 TRIZ 软件（IWB）的 IPS（Inventive Problem Solving）尝试更有效的探讨缺点的对策方案。

其结果是，清扫性提升型的构想设计方案最为合适，实现的可能性高。

最后，在步骤 21 中制作基本构想图，进行成本估算，对其是否能够提升价值进行评估。

参考文献

澤口　学著『開発・設計業務を理解する』㈻産業能率大学通信教育テキスト

藤末　健三著『技術経営入門』生産性出版

澤口　学「技術的問題解決に有効なTRIZ」,『研究開発マネジメント』1999年5月号, アーバンプロデュース

田口　玄一著『タグチメソッドわが発想法』経済界

矢野　宏著『品質工学入門』日本規格協会

澤口　学著『VEによる製品開発活動20のステップ』同友館

土屋　裕監修『新・VEの基本』産能大学出版部

澤口　学「誌上セミナー：革新的問題解決理論TRIZ(1)~(9)」,『研究開発マネジメント』1999年11月号~2000年7月号, アーバンプロデュース

㈻産業能率大学TRIZ企画室編『超発明術TRIZ　シリーズ6　理論編　クラシカルTRIZの技法』日経BP社

Ideation International Inc. "Tools of Classical TRIZ", Ideation.

Stan Kaplan "An Introduction to TRIZ The Russian Theory of Inventive Problem Solving", Ideation.

John Terninko, Alla Zusman, Boris Zlotin "STEP BY STEP Creating Innovative Solution Concept".

Ideation International Inc. "Innovation Work Bench Professional Version 2.2".

伊藤忠テクノサイエンス㈱ "Innovation Work Bench Professional Version 2.3（日本語版)".

著者简介

泽口学（Sawakuchi Manabu）

1982 年庆应义塾大学工学部数理工学科毕业

1985 年入职为产业能率大学 VM（价值管理）中心的研究人员

1996—1997 年在 JAIMS（美国）的 ICMP 结业期间，作为美国密歇根大学 IOE 的短期访问研究员

2005 年 3 月早稻田大学大学院理工学研究所工学博士毕业

现任产业能率大学综合研究所教授，兼经营管理研究所主管研究员，早稻田大学大学院理工学研究所兼职讲师

〈主要著作〉

《基于 VE 的产品研发活动的 20 个步骤》（合著）（同友馆：1996 年）;《技术营销》（合著）（产能大学出版部）；另外，发表多篇论文。